SÉRIE SUCESSO PROFISSIONAL

Inovação

JOHN BESSANT

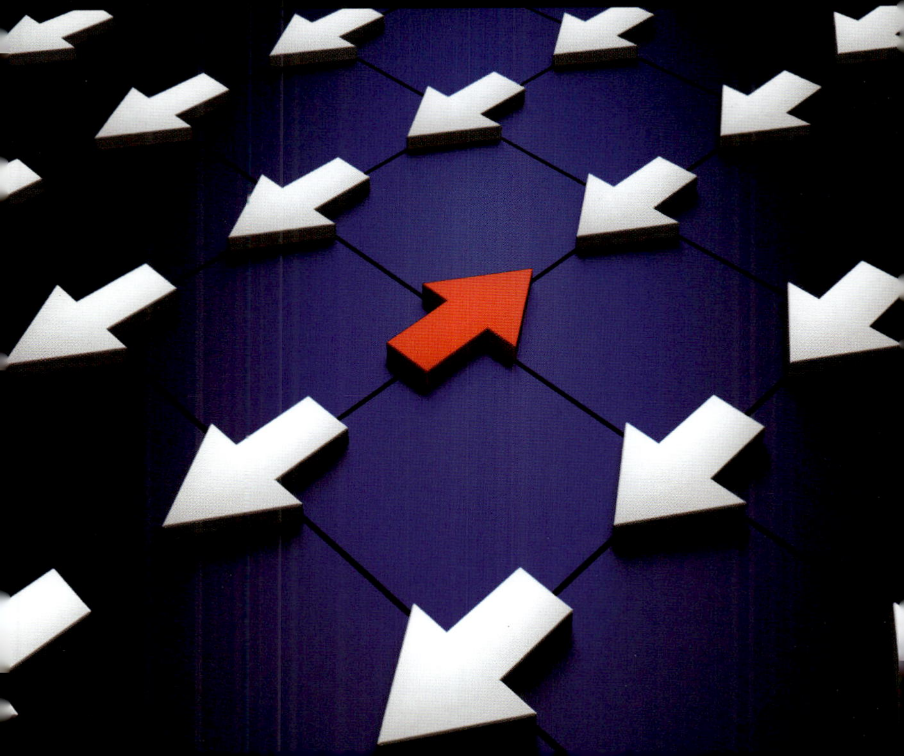

UM LIVRO DORLING KINDERSLEY
www.dk.com

PUBLIFOLHA
Divisão de Publicações do Grupo Folha
Al. Barão de Limeira, 401, 6º andar, CEP 01202-900, São Paulo, SP
Tel.: (11) 3224-2186/2187/2197
www.publifolha.com.br

COORDENAÇÃO DO PROJETO
PUBLIFOLHA
EDITORA-ASSISTENTE: Paula Marconi de Lima
COORDENADORA DE PRODUÇÃO GRÁFICA: Soraia Scarpa
PRODUTORA GRÁFICA: Mariana Metidieri

PRODUÇÃO EDITORIAL
EDITORA PÁGINA VIVA
TRADUÇÃO: Rosemarie Ziegelmaier
EDIÇÃO FINAL: Rosi Ribeiro
REVISÃO: Pedro Ribeiro e Laura Vecchioli
PRODUÇÃO GRÁFICA: Priscylla Cabral
ASSISTÊNCIA DE PRODUÇÃO GRÁFICA: Bianca Galante

DORLING KINDERSLEY
EDITOR: Daniel Mills
EDITORA DE ARTE SÊNIOR: Helen Spencer
EDITOR DE PRODUÇÃO: Ben Marcus
GERENTE DE PRODUÇÃO: Hema Gohil
EDITORA-EXECUTIVA: Adèle Hayward
GERENTE DE EDIÇÃO DE ARTE: Kat Mead
DIRETOR DE ARTE: Peter Luff
DIRETOR EDITORIAL: Stephanie Jackson

DORLING KINDERSLEY (NOVA DÉLI)
EDITORES: Alka Ranjan e Ankush Saikia
DESIGNER: Malavika Talukder
GERENTE DE DESIGN: Arunesh Talapatra
DIAGRAMADORES: Preetam Singh e Pushpak Tyagi

Este livro foi impresso em setembro de 2010 na Corprint, sobre papel couché fosco 115 g/m².

Dados Internacionais de Catalogação na Publicação (CIP)
(Câmara Brasileira do Livro, SP, Brasil)

Bessant, John
Inovação / John Bessant ; [tradução Rosemarie Ziegelmaier]. – São Paulo : Publifolha, 2010. – (Série Sucesso Profissional)

Título original : Innovation.
ISBN 978-85-7914-235-2

1. Criatividade 2. Criatividade - Aspectos sociais 3. Criatividade nos negócios 4. Liderança 5. Mudança organizacional 6. Pensamento criativo 7. Planejamento estratégico. I. Título. II. Série.

10-09697 CDD-658.4063

Índices para catálogo sistemático:
1. Inovação : Empresas : Administração 658.4063

A grafia deste livro segue as regras do Novo Acordo Ortográfico da Língua Portuguesa.

Sumário

4 Introdução

CAPÍTULO 1
O que é inovação

6 Conceitos básicos
8 Quais as vantagens?
10 Como dar ritmo ao processo
12 Rumos da mudança
14 Processo eficiente
16 Inovação e invenção
18 Como implementar
20 Novos desafios

CAPÍTULO 2

Planejamento essencial

22 Pensamento estratégico
24 Rumos da inovação
26 Análise estratégica
28 Como fazer a escolha certa
30 Construção de portfólio
32 O caminho para mudar
34 Decisões em tempo real

CAPÍTULO 3

A inovação na prática

36 Primeiros passos
38 Em busca de ideias
42 Escolha estratégica
44 Desenvolvimento da ideia
48 Difusão da novidade

CAPÍTULO 4

Uma empresa que sabe inovar

52 Ambiente favorável
54 Cultura de inovação
56 Impulso à criatividade
58 Gestão da mudança
60 Adesão da equipe
62 A voz dos clientes
64 Redes essenciais
68 Habilidades afiadas

70 Índice
72 Agradecimentos

Introdução

No mundo atual, dinâmico e turbulento, as empresas enfrentam um desafio: mudar ou morrer. Quem não renovar os produtos e serviços que oferece e atualizar as maneiras de criação e oferta, corre o risco de ser ultrapassado pelos concorrentes. Por isso, a inovação – processo de mudança – é fundamental para o sucesso das organizações, grandes ou pequenas.

A maioria dos gestores compreendem a importância do tema, mas colocar o processo em prática exige uma abordagem sistemática. É preciso aprender a gerir a inovação: os elementos-chave dessa liderança incluem uma visão estratégica clara e voltada para a geração de algo novo, a escolha de uma carteira equilibrada de projetos e a concretização destes em um prazo viável e dentro dos orçamentos.

Trata-se da criatividade humana, estabelecida e aplicada a toda a organização. Um profissional atualizado precisa entender como funciona o processo de inovação e o que fazer para mobilizar a criatividade. Usando as diretrizes e os instrumentos apresentados neste livro, ficará mais fácil assumir o papel de arquiteto da mudança dentro da sua empresa.

Capítulo 1

O que é inovação

A inovação é fundamental para o sucesso de qualquer empresa. Porém, antes de aplicá-la na sua organização, é preciso entender o que é, qual a importância e como funciona nas diversas áreas de negócios.

Conceitos básicos

Hoje uma palavra presente em quase todas as partes – dos sites das empresas às peças publicitárias, dos discursos políticos às reportagens –, a ideia essencial do que de fato significa "inovar" ainda permanece pouco clara para a maioria dos profissionais.

DICA

AVALIE TODOS OS ASPECTOS

A história humana mostra que qualquer aspecto da vida pode se beneficiar com a inovação. Pense em maneiras de melhorar até o que já considera eficiente na sua empresa.

O que é inovar?

O termo "inovação" se origina das palavras latinas *in* e *novare*, que significam "fazer algo novo, mudar". Em princípio, trata-se de algo que qualquer um pode fazer, já que a imaginação e a criatividade são atributos naturais dos seres humanos. Desde os primórdios da existência, nossos ancestrais não pararam de inovar – e por isso não vivemos mais em cavernas, por exemplo. O desenvolvimento constante de melhores técnicas para caçar, dominar o fogo, criar ferramentas, plantar e se deslocar comprova que, basicamente, a história da civilização humana se baseia em impulsos de inovação.

Uma abordagem prática

Há ainda muito espaço para novas ideias capazes de melhorar o mundo em que vivemos – e a espécie humana é bem aparelhada para isso. Mas a inovação não envolve apenas ideias brilhantes, pois elas precisam ser postas em prática. Uma ótima proposta não beneficia sua empresa se não tiver condições de melhorar a eficiência ou aumentar os lucros. Uma definição do processo pode ser: ideias + implementação = inovação.

DICA

POSTURA ABERTA

Avalie todas as ideias, ainda que pareçam sem propósito à primeira vista. Algo a princípio impraticável pode suscitar uma discussão que gera soluções possíveis.

Primeiros passos

O planejamento da gestão da inovação envolve três questões-chave. Em primeiro lugar, por que é preciso inovar? A mudança sempre envolve riscos e as recompensas nem sempre são óbvias. Em segundo, o que podemos mudar? Entenda as opções antes de decidir onde concentrar seus esforços. E, finalmente, como é possível fazer isso acontecer?

Processo de inovação

IDEIAS
O ponto de partida da inovação é uma ideia para melhorar um aspecto das operações.

+

IMPLEMENTAÇÃO
Sua ideia deve se tornar uma realidade prática capaz de beneficiar a organização.

=

INOVAÇÃO
O sucesso só ocorre quando ambos os elementos são alcançados

Quais as vantagens?

Segundo a famosa teoria de Charles Darwin sobre a evolução, a sobrevivência depende da capacidade de mudar. As espécies que não se adaptam a um ambiente em transformação acabam morrendo. Pode-se afirmar que a mesma realidade vale para as empresas.

MAIOR COMPLEXIDADE
Um produto ou serviço mais elaborado torna a cópia mais difícil para a concorrência.

Necessidade de sobreviver

Se você não mudar o que cria e oferece ao mercado (produtos e serviços), corre o risco de ficar atrás das empresas que fazem isso. Para crescer, também não existe outro caminho a não ser a oferta de produtos e serviços novos. A ideia da sobrevivência pode ser óbvia em um ambiente competitivo, mas vale também para organizações sem fins lucrativos e do setor público.

NOVIDADES LUCRATIVAS
Um processo de produção mais eficiente pode trazer vantagens imediatas.

HORA CERTA
Inaugurar um mercado consolida sua marca antes da chegada da concorrência.

Ganhos com a novidade

NOVOS FATORES DE COMPETIÇÃO
Alterar a base de competição (de preço para qualidade) pode render vantagens sobre os rivais.

PROTEÇÃO INTELECTUAL
Novas marcas e patentes podem gerar receita como taxas de licenciamento.

PIONEIRO NO SETOR
A oferta de um produto que ninguém mais oferece permite atuar sem competição.

AUTORIA DAS REGRAS
Se a proposta for totalmente nova, você estará abrindo um mercado inexplorado.

Em busca do lucro

Inovar é essencial para sobreviver e também para gerar lucro. Há muitas maneiras pelas quais a inovação pode melhorar o rendimento de uma empresa e criar defesas contra a concorrência – desde o aperfeiçoamento dos processos existentes e a criação de algo difícil de ser imitado pelos rivais até a inauguração de um mercado totalmente novo.

Como dar ritmo ao processo

Quem gerencia um processo de inovação precisa entender as várias formas de mudança. Nesse processo, não existe uma regra que valha para todos e é essencial adaptar sua abordagem. Uma maneira possível é avaliar o tamanho da "novidade" que se deseja adotar e decidir se é o caso de dar pequenos passos ou apostar em saltos radicais.

DICA

ESTIMULE O ENVOLVIMENTO
Todo mundo é criativo. Por isso, certifique-se de que nenhuma contribuição valiosa será desprezada e peça sugestões a todos os colaboradores.

Inovação em etapas

Os resultados da inovação podem ser espetaculares – do primeiro automóvel em circulação até a chegada do homem à Lua, por exemplo. No entanto, muitas inovações não acontecem a partir de grandes mudanças, mas, sim, da soma de pequenos aperfeiçoamentos. A inovação incremental envolve passos modestos e a melhoria gradual dos produtos, serviços e processos, a fim de obter mais qualidade e custos menores. Pode não ser fascinante e tão perceptível, mas é de longe o tipo mais comum.

A maioria dos produtos encontrados nas prateleiras dos supermercados, por exemplo, não é novidade, mas apenas uma "nova versão" de itens existentes. No setor de serviços, como o de hotelaria, a inovação envolve "melhorar o que já fazemos" – elevar a qualidade do serviço baseado em uma fórmula básica. Na produção, inovar é sobretudo aperfeiçoar os processos de trabalho, como a correção de falhas no sistema, o aumento da eficiência, qualidade, segurança – e, principalmente, a redução de custos. Esta em geral é uma consequência da melhoria incremental.

ESTUDO DE CASO

Inovação incremental
A empresa francesa Bic introduziu a esferográfica Cristal em 1951. A caneta passou por vários tipos de melhorias – na formulação da tinta, na ponta, no plástico utilizado, na forma de fabricação –, mas ainda preserva o mesmo design. Estima-se que as vendas cheguem a 14 milhões de unidades por dia. Em 2002, a empresa vendeu a caneta de número 100 bilhões – o suficiente para cobrir 40 vezes a distância entre a Terra e a Lua, se as esferográficas fossem alinhadas uma a uma.

Mudanças radicais

Fazer melhor o que já fazemos hoje exige um longo caminho, mas de vez em quando surge algo que muda toda a natureza de uma atividade ou mercado e propulsiona um grande salto – ou uma inovação radical. Mudanças radicais em produtos, serviços e processos não acontecem todos os dias e exigem muito tempo para serem aperfeiçoadas, mas exercem grande impacto na vida das pessoas. Alguns exemplos de inovações marcantes são a energia elétrica, os automóveis, as ferrovias e a internet.

Tipos de inovação

Entender a diferença entre os tipos de inovação é essencial para controlar o processo. A inovação incremental requer a mobilização de um grande número de profissionais para promover pequenas melhorias. O processo em geral apresenta baixo risco e alta intensidade e integra a rotina das empresas. Já a inovação radical é muito arriscada e com frequência requer conhecimentos especializados. Tende a ser conduzida por equipes exclusivas, muitas vezes afastadas do fluxo de trabalho da organização.

O desenvolvimento da maioria dos produtos pode envolver longos períodos de mudança incremental pontuados por eventuais inovações radicais. O século 20, por exemplo, testemunhou décadas de inovação gradual nas lâmpadas elétricas, passando da lâmpada incandescente até chegar às versões menores, mais confiáveis e mais eficientes. Agora, porém, os diodos emissores de luz (LEDs) prometem uma alternativa radical em termos de energia. Uma organização de sucesso não deve se limitar às atividades de inovação incremental ou radical, mas estar preparada para participar de ambos os processos e gerenciá-los sob o mesmo teto.

COMO... SER UMA EMPRESA QUE INOVA

Liste todas as inovações que considera possíveis.

↓

Organize-as por área de impacto: produto, serviço, processo etc.

↓

Avalie o grau de dificuldade para implementar a ideia.

↓

Faça um gráfico com o impacto e a execução em dois eixos.

↓

Escolha a opção mais fácil de implementar mas com impacto.

↓

Avalie as outras ideias de alto impacto, mesmo que sejam difíceis de implementar.

Rumos da mudança

Além do aspecto incremental ou radical, a inovação pode ser definida pela direção – ou pelos pontos que ela transforma. Uma organização pode inovar no produto, processo, posicionamento no mercado ou modelo de negócio. Ao lado do ritmo do processo, a direção desejada pode ajudar a identificar os aspectos com espaço para inovar.

DICA

AVALIE TODAS AS OPÇÕES

Faça avaliações do desempenho de sua empresa em todas as quatro direções para identificar os potencais de inovação.

Produtos e processos

As áreas mais óbvias da inovação são o que você produz e como faz isso. Inovar no produto ou serviço pode significar a melhoria de modelos já existentes – como produzir o CD player mais moderno – ou lançar algo novo, como ocorreu com o primeiro MP3. A inovação nos processos pode envolver a melhoria dos sistemas já adotados (redução de desperdício, aumento da eficiência) ou a alteração da forma de operação, como o uso da correspondência digital em vez de papel.

Os quatro caminhos

Mercados e modelos

Mudar o modelo de negócio e o posicionamento no mercado é mais difícil, pois a medida pode afetar a estrutura da organização. No entanto, o resultado pode ser bastante rentável: na virada do século, os fabricantes de telefones celulares transformaram o produto de ferramenta de trabalho em um item da moda, com forte apelo ao mercado jovem. Já as montadoras de carros de luxo, como a Rolls Royce, incapazes de competir em preços com os fabricantes mais baratos, alteraram o modelo de negócio para atender ao nicho dos produtos de luxo em vez de se posicionar simplesmente como um meio de transporte.

PARA PENSAR...
PROCESSO ABERTO

A inovação tem sido um processo com muitos participantes, pois envolve esforços tecnológicos, de mercado, financeiros, legais e de outras naturezas para criar produtos, serviços e processos novos. Em uma era de mercados fragmentados e distribuídos globalmente, os investimentos em pesquisa e desenvolvimento geram quase US$1 trilhão em novos conhecimentos a cada ano, e até grandes empresas, donas de orçamentos generosos para a inovação, sabem da importância de compartilhar conhecimento. A ideia de "inovação aberta" (teoria do professor Henry Chesbrough) é que as empresas precisam abrir suas pesquisas e partilhar as descobertas.

MUDANÇA DE CONTEXTO
O posicionamento – a quem você oferece seu produto ou serviço e como o apresenta ao mercado.

MUDANÇA DE MODELO
Modelo de negócios – o modo como você pensa na atuação da sua empresa e no público-alvo.

Processo eficiente

Qualquer projeto de inovação envolve um grau de risco, pois sempre existe a possibilidade de falha. É importante que as empresas que decidem inovar saibam reconhecer os fatores que apontam para maiores chances de sucesso e identificar os que revelam riscos de fracasso.

Casos de sucesso

A história de inovações de produtos e processos oferece vários exemplos de boas ideias que aparentemente fracassaram – em alguns casos, com consequências impressionantes. A maioria das organizações enfrenta problemas ao inovar, e é comum colecionar um número razoável de projetos nunca realizados e até de iniciativas malsucedidas. Porém, pesquisas apontam as principais áreas nas quais as empresas podem se concentrar para promover uma inovação com mais chances de êxito. Não se trata de garantir o sucesso, mas de chamar a atenção para os aspectos que jogam a seu favor. A inovação não acontece por acaso, mas é fruto de um planejamento cuidadoso.

ESTUDO DE CASO

Cultura antiga

A 3M é famosa pela cultura de inovação. Mais conhecida por produtos como os blocos Post-it e a fita adesiva Scotch, tem um registro de sucesso em diversas áreas: disquetes e fitas, tintas industriais e abrasivos, suprimentos médicos e artigos de escritório. A Minnesota Mining and Manufacturing Corporation surgiu em 1901, e as tentativas iniciais de criação do negócio não foram bem-sucedidas. Mas a empresa persistiu e construiu uma estrutura que tem como meta obter 30% das receitas com produtos lançados nos últimos três anos. A 3M passou um século aperfeiçoando a própria ideia de inovação – e deu certo.

- Processo sistemático e organizado: a inovação resulta desse processo de gerir mudanças e transformar ideias novas em realidade.
- Competências empreendedoras: são a essência do processo. Apesar de haver indivíduos que se dedicam a fazer uma mudança acontecer, a inovação é um trabalho de equipe e gerenciá-la envolve profissionais de toda a organização.
- Criatividade: exige orientação e direcionamento.
- Compreensão: gerir a inovação requer a compreensão clara dos processos.

Fatores para o sucesso

- Planejamento: o planejamento do projeto e a boa gestão são essenciais em um contexto de incerteza.
- Equipe: é crucial contar com uma equipe afinada e capaz de trabalhar sob condições adversas.
- Liderança: a inovação necessita de liderança estratégica. O líder precisa saber para onde vai e orientar o grupo.
- Capacidade de aprendizagem: os inovadores de sucesso têm habilidade para aprender – capacidade de analisar o que funciona e por que e de usar esse conhecimento para melhorar sempre.

Inovação e invenção

A inovação muitas vezes é vista como mero resultado de uma ideia brilhante. Sem dúvida é importante ter ideias, mas não basta. Um gestor de inovação precisa tanto estimular o surgimento de novos conceitos como encontrar os caminhos para transformá-los em realidade.

DICA

ESTIMULE AS SUGESTÕES

Crie uma caixa de sugestão ou um endereço de e-mail para que os funcionários mandem suas contribuições.

Apoio à criatividade

Como a inovação se baseia em ideias, você precisa contar com uma boa fonte de novas propostas. Muitas empresas cometem o erro de achar que só alguns indivíduos conseguem produzir ideias novas e isolam o processo de inovação da maioria dos profissionais. Porém, qualquer pessoa de qualquer nível hierárquico pode apresentar propostas para alterar ou melhorar um processo, produto ou serviço. Em geral, o processo de inovação tem natureza incremental (esforça-se para melhorar o que já é feito) e por isso até mesmo as ideias mais básicas devem ser consideradas. Jamais restrinja o processo de inovação aos laboratórios de pesquisa ou a reuniões de marketing; ao contrário, permita que todos deem sua contribuição. Além disso, uma vez que a inovação é um longo processo voltado à concretização de novas ideias, a criatividade pode ser bem-vinda em todas as etapas.

Como estimular a invenção

A inovação envolve não só ideias mas também a colocação dessas ideias em prática. Embora o inventor seja uma figura popular nas campanhas publicitárias, muitas inovações percorreram um longo caminho entre o ponto inicial e a concretização. A criatividade pode ser um ponto de partida essencial, mas a tarefa do gestor é direcioná-la para as áreas da organização nas quais será útil.

Equilíbrio importante

Outro mito difundido é o de que a inovação depende apenas da criatividade e que basta um ambiente que estimule a exploração de ideias brilhantes. Isso não é verdade: uma grande quantidade de propostas tem pouca importância se nenhuma delas for viável ou passível de implementação. Gerir a inovação não se resume somente a despertar a criatividade como também saber aproveitá-la e direcioná-la. Trata-se de um exercício de equilíbrio, liberando o fluxo de ideias por um lado e, por outro, certificando-se de que existe foco na produção de resultados benéficos para a organização, dentro de prazos razoáveis e sem o consumo de somas enormes. Gerir a inovação significa equilibrar a criatividade com uma dose de controle.

DICA

REAVALIE AS SUGESTÕES

Certifique-se de que todas as sugestões são analisadas por mais de uma pessoa, para evitar que uma avaliação inicial negativa elimine boas propostas.

BASES PARA A INOVAÇÃO

PISTA CERTA	CONTRAMÃO
Apoiar a criatividade em toda a sua empresa	Desprezar as boas ideias
Investir em pesquisa e desenvolvimento	Criar novas tecnologias sem se certificar de que são válidas
Ouvir os clientes para saber o que o mercado deseja	Não procurar oportunidades de criar nada novo
Construir forte infraestrutura interna de inovação	Não dar ouvidos ao que vem de fora da empresa
Usar a tecnologia para aperfeiçoar produtos, processos e serviços	Separar a tecnologia da inovação

Como implementar

Depois de identificar uma ideia inovadora e concluir que é viável, é preciso ultrapassar as etapas do desenvolvimento para transformá-la em realidade. É importante contar com um processo-padrão para o avanço das inovações, sobretudo se as mudanças forem constantes.

DICA

CONFIRA A ESTRUTURA

Antes de iniciar um projeto, certifique-se de que sua estrutura de inovação está definida e de que todos os envolvidos conhecem as principais etapas.

Funil de inovação

A estrutura mais comum para os processos de inovação consiste em avançar com a ideia em etapas. Em cada fase, as propostas são revistas para avaliar se convém prosseguir ou não, e em cada nova etapa uma quantidade maior de dinheiro, tempo e recursos deve ser alocada ao projeto. Esse processo de teste muitas vezes recebe o nome de "funil". A entrada é ampla, uma vez que várias ideias podem iniciar o processo, mas muitas vão ficando pelo caminho à medida que se revelam inviáveis, por uma razão ou outra. Apenas as propostas realmente consistentes (com maior probabilidade de sucesso) passam a fazer parte da etapa de desenvolvimento.

Funil de desenvolvimento de novos produtos

Caminho seguro

Uma ideia precisa passar por quatro etapas essenciais antes de chegar ao mercado ou de se tornar um processo-padrão. O primeiro é o conceito inicial. É necessário decidir se a proposta pode realmente beneficiar sua organização e se os custos previstos merecem o investimento. A segunda fase envolve uma exploração detalhada do aspecto prático – como o conceito pode funcionar e se de fato é fisicamente possível. Ao mesmo tempo, o conceito deve ser desenvolvido para que você consiga apresentá-lo a outras pessoas, porque ao longo do caminho será preciso defender a ideia a fim de obter fundos, recursos e tempo para a viabilização. A terceira fase é o teste, que pode incluir a construção de um protótipo e a realização de pesquisas para avaliar a receptividade do seu público-alvo (clientes ou colegas de trabalho). Por fim, terminados os testes, o produto pode ser lançado – mas, mesmo depois da chegada ao mercado, é preciso monitorar para garantir que a inovação oferece efetivamente os benefícios prometidos.

Estrutura do processo

Gerenciar uma inovação dessa maneira requer uma estrutura definida, sobretudo se você pretende repetir o processo e manter a criação e a implementação de produtos, serviços e processos novos. Não basta planejar cada etapa em detalhe e proporcionar uma estrutura de apoio para que a ideia avance: é crucial estabelecer procedimentos para a avaliação do projeto em cada fase (e, às vezes, entre as etapas), para se certificar de que o processo avança como esperado e justifica maiores investimentos. Vale lembrar que todos esses procedimentos exigem recursos e seu planejamento deve incluir a alocação de dinheiro, materiais e profissionais preparados.

COMO... PLANEJAR O PROCESSO

1. Trace um caminho claro para a inovação prosseguir.
2. Defina etapas: ideia inicial, desenvolvimento, teste e mercado.
3. Destine recursos: dinheiro, tempo, habilidades e conhecimento.
4. Indique um líder e uma equipe para a tarefa.
5. Defina parâmetros de sucesso antes de prosseguir.

Novos desafios

A inovação envolve a adaptação a um ambiente turbulento e às vezes hostil. Como gestor de inovação, não é suficiente saber lidar com os desafios de hoje: você precisa se preparar para as dificuldades que sua empresa irá enfrentar em um futuro próximo.

Aspectos inesperados

Assim como as pessoas, as empresas tendem a ver o mundo com base nas próprias expectativas. Mas o atual cenário corporativo é complicado e mudanças aparentemente distantes podem exercer um impacto enorme, como a crise financeira de 2008. Ainda que a maior parte de sua empresa se baseie em padrões estabelecidos, sempre podem ocorrer mudanças radicais no ambiente de negócios – e a inovação é essencial para lidar com elas. Um gestor deve pensar em inovar tanto em tempos estáveis como diante de ameaças. Alguns fatores que podem alterar os modelos de negócio são:

- Mudanças climáticas;
- Uso sustentável da energia e redução dos resíduos;
- Aumento do comércio digital e das telecomunicações;
- Tendências sociais, como o envelhecimento da população na Europa e nos Estados Unidos;
- Deslocamento do poder econômico para os mercados emergentes;
- Aumento do consumo nas nações em desenvolvimento, sobretudo as que contam com grandes populações.

Aspectos imprevistos

Lidar com o inesperado faz parte dos desafios da inovação – em alguns aspectos esta é a parte mais importante, já que dificuldades imprevisíveis podem colocar em risco a vida de uma empresa. Novos modelos de negócio não param de surgir – desde o esforço de Henry Ford para gerar "um carro para todos" até as negociações de ações na bolsa on-line ou a revolução na indústria da música e do lazer causada pela internet. E, em cada caso, nomes estabelecidos sofreram graves perdas, alguns porque demoraram para reagir e deixaram a porta aberta para novos competidores. No entanto, houve quem se reinventasse para continuar sendo uma presença de destaque. Para evitar situações negativas, os gestores de inovação devem sempre responder às seguintes perguntas:

- Como instalar um "radar" capaz de alertá-lo para problemas e oportunidades?
- Como ter certeza de que sua mensagem será ouvida e posta em prática quando ocorrer algo importante?
- Como é possível implementar inovações que são totalmente diferentes de tudo o que você fez antes?

DICA

ANTECIPE AS DIFICULDADES

Tente identificar as áreas nas quais as inovações propostas podem tornar sua empresa mais vulnerável e as que a deixariam mais resistente aos desafios externos.

PREPARE-SE DIANTE DOS DESAFIOS

	SIM	NÃO
• A gestão de sua empresa cria "metas" que dão direção, mas não oferecem caminhos para inovar?	☐	☐
• Você explora o futuro aproveitando ferramentas e técnicas para fazer projeções?	☐	☐
• Consegue se afastar da situação atual e pensar no que pode afetar sua empresa em um cenário adverso?	☐	☐
• Sua empresa tem mecanismos de tomada de decisão e de seleção de projetos aptos para lidar com propostas radicais?	☐	☐
• Você faz contatos dentro do seu setor que proporcionam novas perspectivas para sua organização?	☐	☐
• Sabe identificar novas tendências?	☐	☐

Capítulo 2

Planejamento essencial

As empresas precisam inovar para se adaptar a um mundo em constante mudança. Mas sem saber o que e por que você quer mudar, seu processo não terá objetivos. O planejamento cuidadoso é uma etapa essencial para o sucesso da inovação.

Pensamento estratégico

Elaborar um roteiro para a mudança ou uma estratégia de inovação pode ajudar a permanecer à frente da concorrência a longo prazo. Qualquer projeto de inovação requer recursos – dinheiro, tempo, profissionais –, que precisam ser bem alocados para que a iniciativa tenha sucesso.

DICA

ANALISE AS DECISÕES
Certifique-se de que todas as decisões são compatíveis com os principais objetivos da empresa.

Definição de estratégia

Uma estratégia de inovação envolve três fatores:
- **Análise estratégica:** o que você poderia mudar e no que essa mudança faria diferença?
- **Tomada de decisão:** o que você irá fazer e por que optou por esse caminho e não outro?
- **Ação estratégica:** como ter certeza de que o projeto irá acontecer, receber recursos e ser avaliado conforme a inovação toma forma? Algumas decisões cruciais não estão relacionadas ao início do projeto, mas, sim, ao abandono de propostas que pareciam boas no início, porém se revelaram inconsistentes.

Processos internos

Uma estratégia ampla de inovação é essencial se você vai competir com outras empresas, mas é igualmente importante adotar uma estratégia interna caso queira priorizar as mudanças na forma de execução – a chamada inovação de processo. Uma estratégia interna impede o desperdício de energia com mudanças em detalhes irrelevantes, deixando de lado algumas transformações que realmente fariam diferença para a sua empresa.

DICA

TENHA UMA META

Certifique-se de que as pessoas entendem aonde você quer chegar e o que pretende alcançar com a inovação. Só com a clara identificação do desafio elas poderão direcionar energia e criatividade para o processo.

Para todos os tipos

Não são apenas as organizações voltadas para o lucro que precisam de uma estratégia de inovação: as entidades do setor público carecem de ideias criativas para abordar questões como educação, saúde e transporte. Gastar os recursos pagos pelos contribuintes em projetos que parecem bons não é uma boa receita a longo prazo. Para fazer diferença de fato, a mudança deve ser consistente e estar de acordo com os objetivos. Além disso, a gestão de grandes projetos exige disciplina, a fim de respeitar prazos e orçamentos – e, se necessário, abortá-los antes que se transformem em desastres.

ESTUDO DE CASO

Inovação com impacto real
Na Índia, a Aravind Eye Clinics alterou o tratamento de problemas oculares como a catarata, que causava cegueira em cerca de 45 milhões de pessoas. A operação de tratamento é relativamente simples, mas o custo (em torno de US$300) inviabilizava o procedimento para a maioria dos moradores das áreas rurais. No entanto, por meio de uma série sistemática de inovações voltadas para a redução de custos sem afetar a qualidade, o valor médio caiu para US$ 25. Com cerca de 250 mil cirurgias feitas a cada ano, as clínicas se tornaram modelos, e hoje médicos de todo o mundo procuram o local para aprender.

Rumos da inovação

Para planejar a inovação é preciso mapear os diferentes rumos possíveis, a fim de alocar os recursos e a energia de forma adequada. Um modelo útil para isto é a "bússola da inovação", que posiciona os caminhos em dois eixos: fazer as coisas melhor e fazer as coisas de forma diferente.

Definição de caminhos

Como vimos, a inovação pode ser radical ou incremental e pode impactar um dos quatro aspectos: o produto ou o serviço, o processo, o mercado ou o modelo de negócio. A "bússola da inovação" combina essas variáveis e permite visualizar os pontos nos quais os esforços de inovação em sua empresa estão concentrados e onde convém reforçá-los. Cada ponto cardeal representa um dos caminhos. As inovações incrementais situam-se mais perto do centro, enquanto as inovações radicais aparecem mais afastadas. A representação gráfica dos seus projetos de inovação ajuda a direcionar os esforços para as áreas onde serão mais úteis.

Como será o processo?

A "bússola" define o espaço de inovação que precisa ser reforçado para que sua empresa possa avançar. É possível seguir mais de um roteiro, não apenas ao longo das quatro direções principais mas combinando rotas. Você pode, por exemplo, introduzir um produto e abrir um mercado, como fez a Nintendo com o Wii e o DS, de olho em consumidores que nunca tiveram acesso a jogos de computador. Outra opção é aplicar um procedimento radical, a exemplo do McDonald's, que transportou para a atividade de fast-food as lições de Henry Ford sobre os processos de produção em série usados na fabricação de carros.

Tipos de inovação

INOVAÇÃO RADICAL DE MODELO
O iTunes e o iPod, da Apple, que mudaram o universo da música.

INOVAÇÃO RADICAL DE PRODUTO
Lâmpadas de LED, que permitem uso mais eficiente da energia.

INOVAÇÃO INCREMENTAL DE MODELO
O atendimento pós-venda da Rolls Royce, com destaque para o serviço.

INOVAÇÃO INCREMENTAL DE PRODUTO
Primeiros assentos tipo leito usados na classe executiva dos aviões.

INOVAÇÃO INCREMENTAL DE PROCESSOS
O NHS Direct, no Reino Unido, que presta orientações de saúde pelo telefone.

INOVAÇÃO INCREMENTAL DE MERCADO
Xampus em sachês, para o mercado de baixa renda da Índia.

INOVAÇÃO RADICAL DE PROCESSOS
Serviços bancários e de seguros on-line, que baratearam os processos.

INOVAÇÃO RADICAL DE MERCADO
Bilhetes aéreos a preços reduzidos, abrindo mercados novos.

Análise estratégica

Com a "bússola da inovação" será possível avaliar as várias rotas, mas é preciso incluir no planejamento medidas para manter-se à frente dos concorrentes. Com uma análise estratégica da sua situação de mercado, avalie se as inovações propostas têm potencial para gerar vantagens.

Bases da construção

Uma avaliação possível é confrontar as inovações planejadas com o que o mercado espera e com a melhor oferta dos concorrentes. A construção passo a passo desses perfis pode trazer um foco para a discussão e apresentar perspectivas diferentes de sua organização. A estratégia raramente envolve respostas "certas", já que a inovação em geral se cerca de muitas incertezas. Para chegar a uma resposta "boa", você precisa de uma exploração ampla, o que requer a busca de opiniões e informações diferentes. Mais cabeças pensando resultam em maior conhecimento e contribuem para a consistência das decisões.

Participação de mercado

***Qualificadores** – *fatores que atraem as pessoas para um produto ou serviço.*

***Decisórios** – *fatores que determinam se as pessoas compram o produto ou o serviço.*

Em qualquer mercado, é preciso cumprir os requisitos básicos (qualificadores*) apenas para continuar em atividade. Se seus preços correspondem ao dobro dos do concorrente direto, você dificilmente seguirá no mercado por muito tempo. Quando todos oferecem o mesmo preço, porém, o que diferencia um produto é o "algo a mais" – qualidade extra, maior funcionalidade, design mais elegante. Os qualificadores funcionam como "bilhete de entrada" para o mercado, mas o que leva o consumidor a comprar são os fatores decisórios*. É preciso conhecer ambos e saber se sua inovação tem por objetivo atrair consumidores ou de fato consumar a compra do produto ou serviço.

Gráfico da inovação

Após identificar os fatores qualificadores e os decisórios predominantes no mercado-alvo, use pesquisas de mercado para fazer um gráfico simples e registrar as expectativas dos consumidores. Em seguida, crie um sistema de pontuação para aferir o quanto você e seus concorrentes atendem a esses requisitos. Trace as linhas e terá uma visão dos pontos fortes e das oportunidades nesse mercado. No exemplo, sua empresa está atrás da concorrência: ou reduz a distância ou sairá de atividade.

DICA

MANTENHA-SE ATUALIZADO

Certifique-se de que suas análises se baseiam em dados recentes.

Avaliação do desempenho

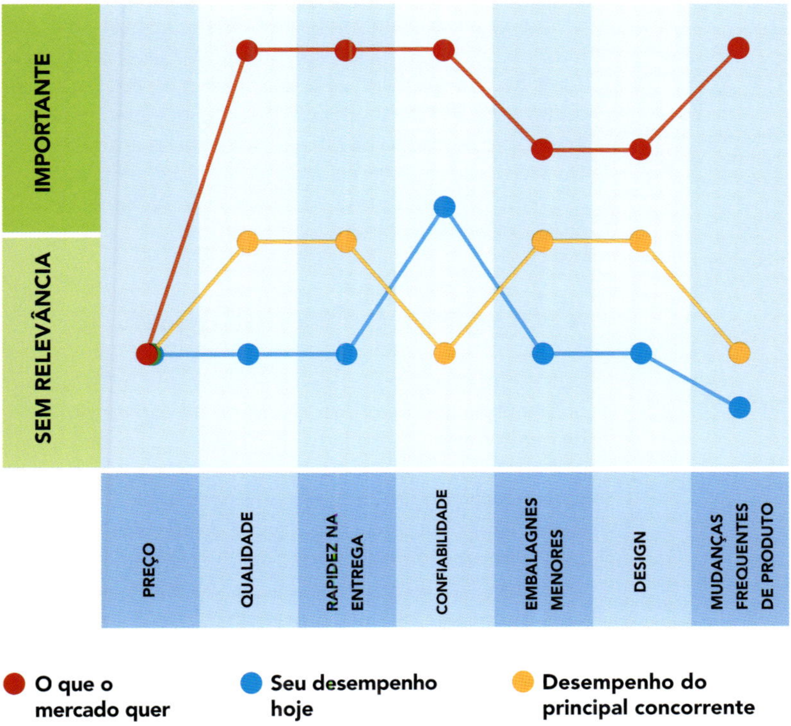

Como fazer a escolha certa

A organização das ideias ajuda a identificar as alternativas mais úteis para a sua empresa. Mas você precisa decidir quais opções considerar e justificar sua decisão. Cada alternativa selecionada irá envolver investimento de tempo e dinheiro, por isso é essencial seguir em frente apenas com as propostas realmente promissoras.

DICA

DECIDA COM OBJETIVIDADE

Defina critérios claros para selecionar os projetos antes de dar início. Avalie sempre se os resultados esperados justificam os riscos e os custos.

É o caso de inovar?

Como tomar essa decisão? Você poderia simplesmente apostar nas ideias que o agradam e seguir em frente, mas o processo se assemelharia a um jogador que coloca as cartas aleatoriamente ou a um apostador que escolhe um cavalo em uma corrida porque o considera "bonito". Mas é possível adotar uma abordagem mais sistemática. Embora um processo de inovação jamais apresente certezas definitivas (por natureza, envolve questões como: A tecnologia vai funcionar? Haverá mercado? A concorrência pode chegar na frente?), você pode transformar a incerteza em risco calculado.

Vantagens e desvantagens

A maneira mais simples de fazer isso é por meio de uma análise de custo-benefício – basta confrontar os ganhos com o resultado do projeto e os recursos consumidos. O cálculo oferece uma saída eficaz na comparação de um projeto com outro, mas uma abordagem mais útil seria uma "matriz de decisão", criada para comparar várias alternativas diferentes, levando em conta seus custos e benefícios. Às vezes, avaliar apenas o aspecto financeiro de um projeto significa desprezar outros ganhos, como o ingresso em um novo mercado ou a aquisição de habilidades que podem ser valiosas em projetos futuros.

O que é uma matriz de decisão*

Uma matriz de decisão permite dar notas objetivas a cada opção de inovação, ajudando assim a tomar as melhores decisões sobre o que será mais benéfico para sua empresa. O exercício pode ser feito a partir de um gráfico simples. Relacione as opções possíveis (A, B, C) ao longo do eixo X, e no eixo Y aponte os principais critérios – por exemplo, se a ideia é compatível com o conhecimento que você tem, se exige ajustes na estratégia e qual a dificuldade de implantação.

Você pode preencher usando apenas pontuações simples ou comentários detalhados. Adicione colunas para estimar os custos e os benefícios associados aos diferentes projetos, e em seguida acrescente uma coluna de pontuação total para registrar os resultados. Você pode continuar a adicionar células, dependendo do conjunto de critérios que pretende incluir. A maioria das matrizes permite usar um critério de corte simples para eliminar as opções com baixo potencial. Repita o exercício acrescentando colunas se precisar "desempatar" a sua avaliação.

***Matriz de decisão** – *ferramenta para ajudar a tomar decisões de inovação ao confrontar os riscos e possíveis ganhos em várias dimensões e de acordo com diferentes critérios.*

PREPARE-SE MATRIZ DE DECISÃO

	SIM	NÃO
• Você elaborou uma lista definitiva com as propostas que merecem seguir em avaliação?	☐	☐
• Sabe quais são os mais relevantes critérios a ser considerados em cada opção? Eles abrangem os principais aspectos dos potenciais benefícios?	☐	☐
• Já considerou todos os custos estimados decorrentes do investimento em cada uma das possibilidades?	☐	☐
• Existem fatores mais importantes do que outros? Em caso positivo, como ponderar os resultados de forma adequada?	☐	☐
• Quais outros fatores adversos a proposta pode enfrentar no futuro?	☐	☐

Construção de portfólio

Até as menores empresas podem querer incluir mais de um projeto de inovação em sua estratégia. Ainda que uma matriz de decisão ajude a comparar projetos, é essencial lembrar que o portfólio de inovação deve incluir diversidade. Para isso, recorra a uma gestão adequada.

DICA

BUSQUE O EQUILÍBRIO

Procure equilibrar os riscos e as vantagens, incluindo no portfólio projetos com mais chances de sucesso e ideias mais arriscadas, mas com possibilidade de ganhos maiores.

Equilíbrio essencial

Para chegar a um portfólio equilibrado, você precisa combinar os critérios de decisão: os riscos de fracasso não podem superar os ganhos com o sucesso. Isso requer a análise dos obstáculos e dos ganhos possíveis. Em geral, a inovação segura baseia-se no que a empresa faz bem, enquanto inovações mais arriscadas são radicais (e, apesar de riscos maiores, as potenciais recompensas também são mais atraentes). Você pode optar por projetos de alto risco que exigem baixos investimentos porque eles abririam novos mercados, por exemplo – e, se falharem, poucos recursos foram desperdiçados. Mas seria insensato colocar todas as fichas em empreendimentos de alto risco.

Visão panorâmica

Desenvolver uma visão geral do portfólio é útil não só em termos de riscos e recompensas como também para saber o quanto está sendo atribuído a cada projeto. Isso pode ser feito utilizando-se um gráfico no qual os projetos são representados em círculos, ao lado dos riscos e ganhos potenciais. Quanto mais recursos um projeto exige, maior o círculo na tabela. Esta representação oferece uma visão instantânea dos recursos alocados no confronto com os níveis de risco e de ganhos, e mostra de imediato se você tem muitos recursos investidos em projetos com chances de não se concretizar. Da mesma forma, você pode ver se está colocando investimentos muito grandes em uma aposta segura mas que tende a gerar recompensas pouco significativas para a sua empresa.

DICA

SEJA JUSTO

Examine todos os projetos de inovação de forma igual e justa. Não comece um projeto quando só uma pessoa quer vê-lo concretizado.

GESTÃO DO PORTFÓLIO

PISTA CERTA	CONTRAMÃO
O número de projetos de inovação em andamento ao mesmo tempo é restrito	Não há limites para a quantidade de projetos iniciados, o que escasseia os recursos de cada um
Os projetos têm metas e são abortados se não forem atingidas	Você hesita em descontinuar projetos que se mostram inconsistentes
A prioridade vai para as inovações que atendam objetivos estratégicos	Projetos sem importância ganham prioridade em relação a inovações estrategicamente relevantes
Os projetos de inovação passam por uma seleção criteriosa	Não existem critérios claros para a escolha dos projetos

O caminho para mudar

A menos que você seja o responsável pelas decisões, é provável que tenha de "vender" sua proposta de inovação em algum momento. Talvez você seja um empresário em busca de investidores ou alguém que teve uma ideia para melhorar os processos de sua organização. Em todos os casos, vai precisar de apoio para transformar a proposta em realidade.

A intenção no papel

Seja qual for o ponto de partida, o destino será o mesmo: você precisa convencer alguém de que sua ideia é boa e vale investir nela, pois os investimentos em tempo e dinheiro darão retorno. As pessoas precisam acreditar em você e na sua capacidade de concretizar tudo isso. Mas convicção não basta para persuadir ninguém: é preciso ampará-la em um *business case* convincente, capaz de expressar o potencial prático da proposta com bases coerentes.

DICA

PREPARE SEU DISCURSO

Pratique a "venda" da sua ideia e peça sugestões e críticas para melhorá-la. Identificar de antemão os pontos sensíveis ajuda a preparar-se para apresentar a proposta.

Em busca de apoio

As organizações precisam inovar – mas não podem fazer tudo. Precisam explorar alternativas e tomar decisões difíceis sobre quais propostas valem o investimento e por quê. Sua apresentação pode aproveitar o impulso do momento: se você sabe que a empresa está tentando montar um portfólio que equilibre riscos e ganhos, tente incluir seu projeto nessa mistura. Mas é preciso apresentar sua ideia de forma adequada. Pergunte-se como você pode envolver os interlocutores – é possível mostrar um protótipo para que eles façam seus comentários? Você tem as respostas para as perguntas mais prováveis? Se sua postura for "apaixonada" demais, como fica a sua credibilidade?

Lição de casa

Elaborar um *business case* convincente é a essência da inovação. As decisões não serão tomadas com base em impulsos ou preferências e você terá de convencer as pessoas a gastar recursos em um projeto que precisa funcionar. Existe um mercado? A tecnologia é confiável? Como proteger a ideia? Quanto custa? Quais são os prováveis benefícios? Ao mostrar que você analisou todos os aspectos do projeto e tem respostas para as perguntas difíceis, você aumenta as chances de atingir seu intuito.

COMO FAZER UM BUSINESS CASE

ASPECTOS	CONTEÚDO
Resumo da ideia	Explicação curta e simples da ideia: o que é inovador e quais as atribuições. Não se trata de explicar o que você pensa, mas de apresentar o que o projeto pode obter. Se quiser, ampare os dados em um mapa de posicionamento estratégico.
Análise de mercado	Quem é o público-alvo? O que esse segmento espera, do que precisa e por que ainda não existe? Qual é o tamanho desse mercado? É crescente, decrescente ou estático?
Concorrência	Quem são os concorrentes e o que oferecem? Como essa ideia gera vantagens? Como a concorrência pode reagir ou se proteger?
Motivos para apostar	O que a empresa já sabe fazer? Quais conhecimentos, habilidades, experiências e contatos podem fazer a diferença?
Ganhos	Quais os ganhos co êxito do projeto – em lucros, participação no mercado e satisfação dos clientes? Quanto tempo será preciso esperar para obter tudo isso?
Custos	Quanto vai custar e quais os recursos necessários?
Riscos	O que pode causar problemas e como solucioná-los?
Gestão de projeto	Quem vai gerenciar o projeto e como? De que modo você pode garantir que tem capacidade para a tarefa?

Decisões em tempo real

A inovação está na incerteza e por isso a capacidade de rever e alterar as decisões ao longo do tempo é crucial. Tomar uma decisão e direcionar todos os recursos sem ter a opção de modificar os planos é bastante arriscado. Quanto maior a duração de um projeto, mais recursos serão colocados em risco.

1
IMPULSO INICIAL
Surge uma ideia para um novo produto. Vale a pena explorar?

Alocação de recursos

Empresas inteligentes sabem que transformar uma ideia em realidade é um processo de aprendizagem. À medida que o projeto avança, você descobre mais sobre a tecnologia, o mercado que achou que existia e sobre a concorrência. Portanto, faz sentido pensar no trajeto em etapas a fim de aumentar os recursos alocados conforme a viabilidade também aumenta.

2
DEFINIÇÃO E CONCEITO
Análise da tecnologia e do mercado. Faz sentido para a empresa?

Uso do modelo stage-gate

Uma abordagem bastante utilizada, originalmente desenvolvida pelo estudioso canadense Robert Cooper, é a introdução de pontos de decisão estratégica nas várias fases do processo. Em vez de tomar uma decisão única no início do processo, os gestores precisam enfrentar uma série de pontos de decisão, cada um mais difícil que o anterior. Cada etapa envolve uma questão-chave, e somente mediante respostas positivas o processo avança e há liberação de recursos para a fase seguinte.

3
VIABILIDADE
Etapa de pesquisas. O projeto deve ser desenvolvido?

Exemplo do modelo stage-gate

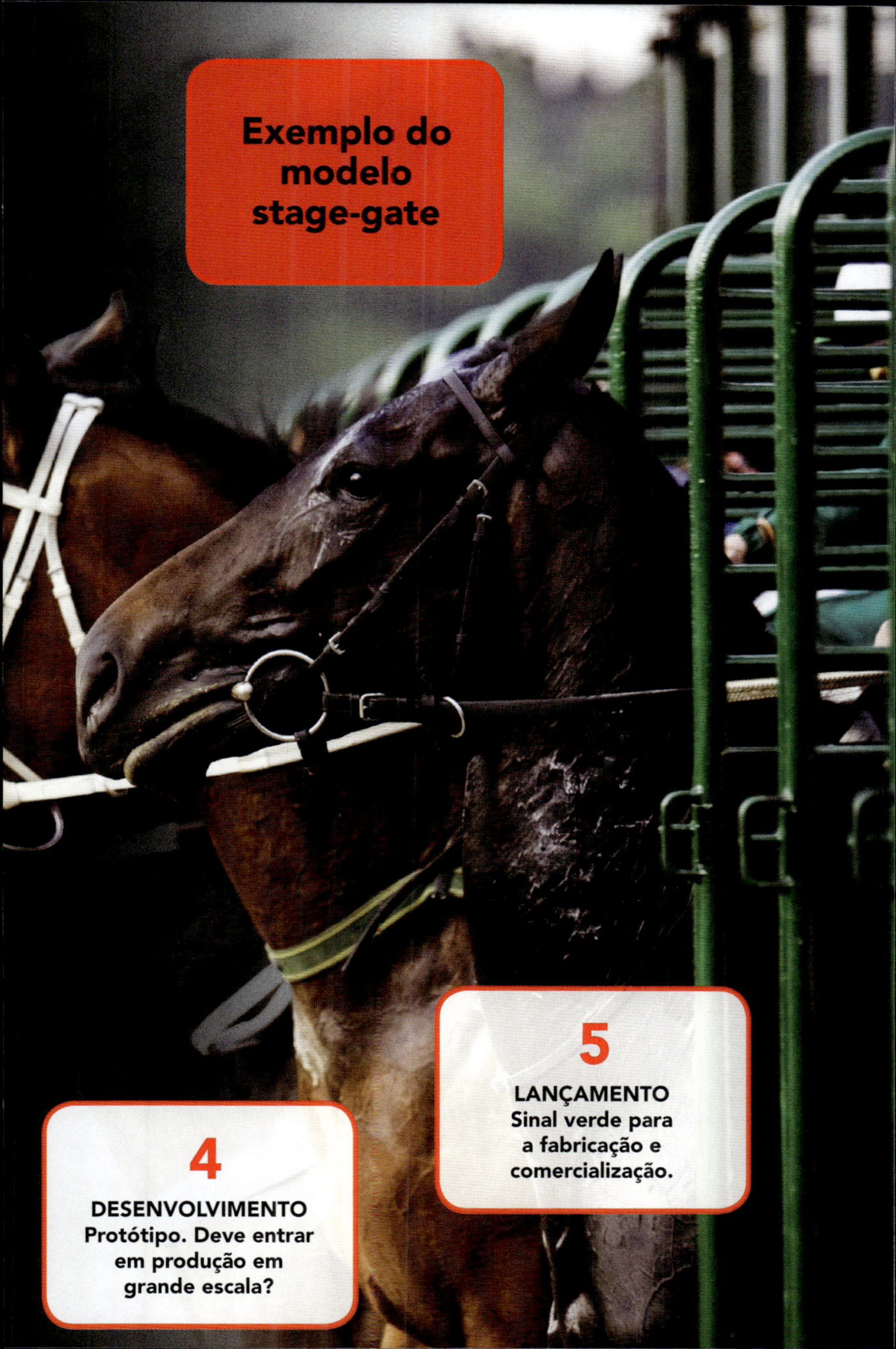

4

DESENVOLVIMENTO
Protótipo. Deve entrar em produção em grande escala?

5

LANÇAMENTO
Sinal verde para a fabricação e comercialização.

Capítulo 3

A inovação na prática

A inovação não se limita a uma grande ideia e só faz sentido quando essa ideia se torna realidade. O gestor de inovação deve identificar e selecionar as boas propostas, colocá-las em operação e convencer as pessoas a adotarem a novidade.

Primeiros passos

Pense na inovação como uma viagem, partindo da ideia inicial até a concretização de um novo produto, serviço ou fluxo de trabalho. Você pode ter sorte e acertar de início, mas, se pretende repetir a experiência, é preciso adotar um modelo sistemático para garantir a consistência.

DICA

FAÇA UMA ROTA PARA O PROJETO

O mapeamento de como levar a ideia adiante ajuda a identificar potenciais problemas e os recursos para solucioná-los.

Como selecionar projetos

A viagem começa com um "disparo" – uma ideia muito boa, uma necessidade do cliente, a disputa com a concorrência. Seja qual for o estímulo, nessa fase o desafio do gestor do processo de inovação está em ter certeza de que dispõe dos mecanismos para captar os sinais. Como não é possível fazer tudo, será preciso responder à pergunta: "De todas as propostas, quais vamos adotar e por quê?". É preciso escolher – decidir levando em conta os objetivos da sua empresa e como a inovação contribui para essa meta.

Implementação das ideias

Em seguida, começa o desafio de implementar a possibilidade de inovação – gerar um produto ou serviço novo ou apresentar uma nova forma de operação. Trata-se da gestão do projeto em si, mas em um contexto de incerteza. Você não estará seguro de que a tecnologia vai funcionar ou se haverá mercado para a novidade sem colocá-la na prática. Para isso, irá precisar de uma estrutura que permita monitorar o progresso e, se necessário, abandonar alguns projetos antes de avançarem demais.

Revisão do sistema

Quando você tiver um modelo de trabalho ou um protótipo do novo serviço ou processo, precisa se certificar de que as pessoas irão adotar a novidade. Nem toda ideia nova é aceita e o desafio nessa fase do processo é ter certeza de que você terá impulso suficiente para fazer a diferença. Se pretende adotar esse sistema de inovação – a fim de gerar um fluxo contínuo de produtos, processos e serviços novos –, é essencial aprender com as falhas e corrigir os caminhos para melhorar da próxima vez.

PARA PENSAR... AS LIÇÕES DOS ERROS

Às vezes, grandes ideias surgem de erros. O Post-it, por exemplo, nasceu quando uma mistura adesiva se revelou fraca demais. Esta falha em termos do projeto original deu o impulso para o produto que já gerou US$1 bilhão para a 3M. Na década de 1980, os cientistas que trabalhavam para a Pfizer começaram a testar o uso do composto UK-92480 para o tratamento de angina. Apesar dos resultados desanimadores nos testes com seres humanos, a equipe descobriu um efeito colateral interessante, que transformou o UK-92480 no Viagra.

Em busca de ideias

A primeira fase da inovação prática consiste em reunir ideias para novos projetos. A inovação pode ser desencadeada por impulsos diferentes, e gerir o processo de forma eficiente exige mecanismos para lidar com esses impulsos. Os mecanismos podem vir da empresa ou do mundo.

COMO... BUSCAR NOVAS IDEIAS

- Explore a tecnologia para achar opções.
- Avalie o mercado potencial do seu produto.
- Conheça a concorrência e aprenda com ela.
- Atente para as ameaças e as oportunidades.
- Use ideias dos colaboradores e outros envolvidos.

Além das fronteiras

Novas descobertas científicas expandem os limites do conhecimento e criam oportunidades para inovar. Com um orçamento anual de quase US$ 1 trilhão em todo o planeta no setor de pesquisas e desenvolvimento, a dificuldade não está em produzir conhecimento, mas, sim, em saber o que está acontecendo. Faça uma pesquisa tecnológica própria, que irá gerar novos conhecimentos, ou aproveite os estudos realizados em outros lugares, como universidades ou instituições de pesquisa. Trabalhar com outras organizações ajuda a compartilhar os custos e os riscos.

O que o mercado quer?

A necessidade é a mãe da criatividade e ter certeza de que entende as necessidades do usuário ajuda a identificar os sinais que apontam para a inovação. A aproximação dos clientes reais ou potenciais e a compreensão das expectativas ajuda a denifir o que o mercado espera. As pesquisas constituem uma boa fonte, assim como o atendimento ao cliente e o estudo das queixas dos usuários. As necessidades não surgem apenas dos setores externos e por isso não descuide da demanda que existe dentro da sua empresa: preste atenção nos sinais de frustração da equipe e procure uma solução inovadora para solucionar o problema.

Contribuições dos usuários

Uma fonte de inovação pode ser a frustração que os usuários sentem quando esperam algo diferente ou adicional dos produtos e serviços que utilizam. Esse descontentamento deve ser canalizado para criar ideias e protótipos de inovações. O Linux, por exemplo, não é um produto desenvolvido por uma grande empresa, mas o resultado da colaboração em uma comunidade de usuários que queriam um software mais adequado às suas necessidades. Outro exemplo clássico é a *pick-up*, um modelo que não saiu das montadoras de Detroit, mas surgiu nas fazendas, onde os agricultores que compravam um caminhão não demoravam para tirar os bancos e parte do teto para improvisar um veículo mais adequado às suas necessidades. Tenha contato com quem realmente usa o seu serviço ou produto e encontre ideias para inovar. Durante o processo de inovação em sua empresa, estimule os colaboradores a fazer sugestões. Use comunidades da web para recolher impressões e identificar os aspectos que podem ser aperfeiçoados.

DICA

AVALIE A IMPORTÂNCIA

Conforme o projeto progride, siga de perto não apenas as despesas e os avanços mas também a relevância para os usuários finais. Caso contrário, você pode chegar a uma melhoria perfeita, mas fora das demandas dos consumidores.

ESTUDO DE CASO

Impulso às boas ideias

O Centro de Inovação, Empreendedorismo e Tecnologia (Cietec) nasceu em abril de 1998, envolvendo a Secretaria do Desenvolvimento do Estado de São Paulo, Sebrae-SP, o Instituto de Pesquisas Energéticas e Nucleares (Ipen), o Instituto de Pesquisas Tecnológicas (IPT) e a Universidade de São Paulo (USP). A instituição atua como incubadora de empresas de base tecnológica, oferecendo infraestrutura e apoio para atendimento de demandas nas áreas de gestão de tecnologia, empresarial e mercadológica.

A localização do Cietec, no campus da USP, bem próxima dos institutos de pesquisa parceiros, tem importância estratégica. No fim de 2008, marco de seus dez anos de vida, esse núcleo de parque tecnológico registrava 81 empresas graduadas em operação no mercado e mais de 120 empreendimentos em processo de incubação.

DICA

CONSIDERE TODOS FATORES

Ao planejar o futuro, leve em conta também os fatores que não parecem afetá-lo diretamente, pois a inovação pode vir de todas as áreas.

De olho no futuro

Ao olhar para um conjunto de alternativas, é possível obter pistas sobre as possibilidades de inovação. Uma ferramenta útil pode ser a extrapolação de tendências – na qual estas são identificadas para o futuro, pressupondo que elas irão continuar – e ferramentas de previsão, como o planejamento econômico. Você pode reunir grupos de especialistas (também conhecidos como "painéis Delphi") para discutir os resultados mais prováveis dos acontecimentos atuais e ajudá-lo a ajustar seus planos de evolução. Enfim, se quiser ousar, escreva sua própria obra de "ficção científica", para visualizar as possibilidades e imaginar como sua empresa poderia responder a elas.

O recurso do benchmarking

Saber o que os concorrentes fazem e comparar com a própria empresa pode dar *insights* de novos rumos para inovar o produto, processo ou serviço. Essa abordagem é conhecida como *benchmarking* e ajuda a criar padrões por meio da comparação. Pode-se estabelecer processos de *benchmarking* entre atividades semelhantes dentro da mesma organização, entre atividades similares em diferentes setores de uma grande empresa, entre outras atividades similares em empresas diferentes de um mesmo setor e entre atividades semelhantes em distintas empresas e setores. Compare seus preços de produto e processos com os de outras empresas de forma sistemática e frequente.

Inspiração externa

Além de fazer *benchmarking* pela observação de outras empresas, você pode optar pela colaboração direta a fim de desenvolver novas ideias. Como gestor, você precisa criar redes externas capazes de fornecer ideias – como grupos de especialistas. Você também pode trabalhar mantendo um contato próximo com os usuários – clientes ou colaboradores atentos à inovação –, a fim de desenvolver novos produtos e serviços. Uma fonte rica são os próprios erros e as falhas dos concorrentes. Quando um novo projeto fracassar ou uma equipe não der conta do recado, avalie como isso aconteceu e pense nas inovações que podem evitar a repetição do problema.

? PERGUNTE-SE... MINHA EMPRESA ESTÁ ABERTA PARA A INOVAÇÃO?

- Você tem um bom relacionamento com os fornecedores e consegue extrair um fluxo constante de ideias?
- Entende as necessidades dos clientes e usuários finais?
- Trabalha em parceria com universidades e outros centros de pesquisas para desenvolver conhecimentos?
- Seus colaboradores são motivados a dar sugestões para melhorar os produtos ou processos?
- Costuma olhar para a frente de forma estruturada (utilizando ferramentas e técnicas) a fim de tentar antecipar as ameaças e oportunidades?

Escolha estratégica

A inovação consistente depende da escolha de projetos com base em critérios claros. Use técnicas e estruturas para ajudar no processo de seleção e cheque se há flexibilidade para monitorar e adaptar os projetos ao longo do tempo, conforme as ideias se concretizam. Se um projeto não atender às expectativas, você deve ter mecanismos para reavaliá-lo ou desistir dele.

DICA

DEFINA CRITÉRIOS OBJETIVOS

Não faltam oportunidades de inovação, por isso é essencial contar com critérios claros de decisão para ajudar a escolher as melhores alternativas.

Quais as opções?

A análise estratégica avalia os ganhos decorrentes da inovação e define a posição da empresa em termos de estratégia global. Isso significa saber o que você pode realmente fazer e quais conhecimentos, experiências e recursos terá de alocar para o projeto. Um vendedor de sorvete que decide atuar no setor de energia nuclear por causa da demanda energética tem uma boa ideia, mas que talvez não seja viável. Se a opção fosse atuar com uma nova gama de produtos alimentícios entregues de porta em porta, a aposta teria mais chance de êxito por aproveitar a experiência e o conhecimento existentes.

Como selecionar?

Ao considerar um possível projeto de inovação, faça três perguntas importantes. Primeiro, a ideia tem potencial viável para melhorar sua empresa? Em segundo lugar, tem consonância com a estratégia mais ampla do negócio? Não faz sentido apostar em um esforço de inovação para melhorar um produto de uma linha prevista para ser descontinuada, por exemplo. Uma proposta também deve ser avaliada de acordo com os riscos e ganhos dentro do portfólio geral da empresa. Finalmente, o projeto aproveita ou tem afinidade com os recursos de que sua organização já dispõe? Caso negativo, como obter o conhecimento e a experiência necessários para o processo?

Implementação ousada

Implementar uma inovação é o mesmo que gerenciar um projeto de outra natureza – ou seja, trabalhar para atingir uma meta determinada dentro de orçamento e prazo definidos. A implementação estratégica significa ir além: você realmente pode fazer isso acontecer? Tem os conhecimentos e habilidades necessários ou sabe onde obtê-los? Lembre-se de que grande parte das inovações envolve a formação de alianças estratégicas, e por isso não ter os conhecimentos e habilidades dentro da empresa não constitui uma barreira. Você já pensou em como gerenciar a mudança – como garantir que pessoas de outras partes da empresa apoiem o projeto? E como organizar a equipe para fazer a inovação acontecer – quem vai liderar, quais as habilidades e experiências necessárias e como montar uma equipe de alto desempenho para dar conta do recado? Todos esses fatores devem ser considerados previamente, para aumentar as chances de sucesso da empreitada.

DICA

CONTROLE OS RISCOS

Certifique-se de acompanhar e rever os projetos com regularidade conforme eles se desenvolvem. Defina critérios claros para o sucesso e, se alguns não funcionarem, não tenha medo de interrompê-los.

PREPARE-SE COMO TRABALHAR COM IDEIAS INOVADORAS

	SIM	NÃO
• A empresa conta com um sistema claro para escolher projetos?	☐	☐
• Alguém que tenha uma boa ideia sabe como levá-la adiante?	☐	☐
• Seu portfólio combina projetos de alto e de baixo risco?	☐	☐
• Você pensa na inovação como um instrumento que pode alterar seu produto, processo, mercado e modelo de negócio?	☐	☐
• Consegue conciliar projetos para "fazer melhor" com ideias radicais – como "fazer de outra maneira"?	☐	☐
• Reconhece a necessidade de pensar fora dos padrões habituais?	☐	☐
• Sabe lidar com ideias diferentes, porém interessantes?	☐	☐

Desenvolvimento da ideia

Depois de selecionar uma proposta e transformá-la em um projeto de inovação, o desafio é fazer dela um produto, serviço ou processo concreto. Nessa fase, é preciso colocar em prática algumas estruturas e sistemas que contribuam para uma gestão eficiente. E não se trata apenas da gestão de recursos e de orçamentos: é preciso enfrentar o enorme desafio da incerteza.

DICA

SEJA FLEXÍVEL
Adote uma postura que permita a inclusão de projetos pequenos e rápidos.

Gestão do processo

Em inovação não existe garantia de sucesso. Depois de começar um projeto, você pode descobrir que a tecnologia que no início parecia tão promissora não funciona. Ou até mesmo que aquele mercado previsto para o seu novo conceito na verdade não tem representatividade. Ou ainda que um concorrente correu por fora e ofereceu algo melhor. Quem sabe as autoridades alteraram as normas do setor ou outro fato inesperado o surpreendeu no meio do caminho. Lembre-se da Lei de Murphy: se algo pode dar errado, dará.

Tudo isso significa que você precisa adotar boas práticas para gerenciar o projeto conforme a inovação se desenvolve, mantendo a flexibilidade necessária para rever e mudar seus projetos – e isso inclui cancelar as iniciativas que não apresentam os resultados esperados, modificar as propostas para atender às mudanças circunstanciais e manter o apoio apenas para as que de fato trazem benefícios reais. Seu sistema de gestão deve reavaliar regularmente o andamento dos projetos, identificar os riscos associados à continuidade e alocar recursos adicionais apenas para os projetos que atendem aos critérios estratégicos e tenham uma elevada probabilidade de sucesso.

O método certo

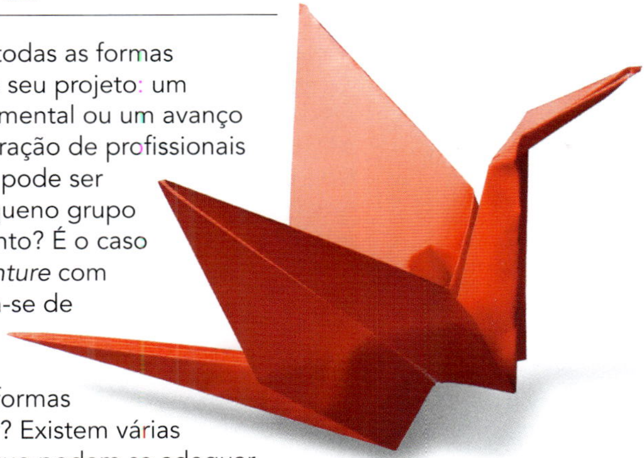

Existem inovações de todas as formas e tamanhos. Como é o seu projeto: um desenvolvimento incremental ou um avanço radical? Exige a cooperação de profissionais de diferentes áreas ou pode ser conduzido por um pequeno grupo do mesmo departamento? É o caso de iniciar uma *joint venture* com outras empresas? Trata-se de algo totalmente diferente de tudo que você fez antes? Exige formas diferentes de trabalhar? Existem várias estruturas de projeto que podem se adequar melhor a cada especificidade do projeto:

- **Estrutura convencional:** um grupo ou um indivíduo assume o projeto de forma integrada à atuação cotidiana.
- **Estruturas de matriz:** as pessoas alocam parte do tempo para o projeto, ao lado da atribuição principal.
- **Força-tarefa:** os envolvidos se dedicam apenas ao projeto e contam com recursos específicos.
- **Equipes à parte:** o trabalho é desenvolvido de forma independente da organização.

ESTUDO DE CASO

Qual a importância?

O Ford Edsel foi um dos conceitos mais pesquisados da montadora americana. As pesquisas de mercado levaram a Ford a acreditar que um novo modelo de luxo com preço entre os rivais mais próximos seria um êxito. O Edsel foi desenvolvido com um orçamento alto, divulgado com uma campanha agressiva e lançada com alarde, mas não teve êxito. Concebido na era de crescimento econômico dos anos 1950, chegou às lojas em 1957, quando os EUA estavam à beira de uma recessão, e os consumidores procuravam carros menores e mais baratos. As exigências do mercado haviam mudado e o Edsel virou um exemplo clássico do perigo de não atualizar um projeto.

DICA

PARTILHE OS RESULTADOS

Certifique-se de que os resultados dos procedimentos, como testes de protótipos e conclusões das pesquisas de mercado, são disponibilizados para todas as equipes envolvidas.

Ferramentas certas

Conduzir uma ideia desde a concepção até a concretização envolve vários conjuntos de conhecimentos ao longo das diversas etapas. É essencial verificar se as habilidades necessárias estão presentes e uma maneira de fazer isso é pensar no processo como uma sequência, na qual a responsabilidade pelo projeto passa para diferentes grupos conforme progride. No desenvolvimento de um produto físico, por exemplo, o caminho pode ser:

- A equipe de marketing apresenta o conceito;
- As equipes de P&D (Pesquisa e Desenvolvimento) avaliam a viabilidade;
- A equipe de produção em pequena escala desenvolve e testa um protótipo;
- O departamento de produção inicia a produção em grande escala;
- Os setores de vendas e marketing dedicam-se à promoção do produto pronto para o lançamento.

Esse sistema lembra um pouco a corrida de bastão, pois cada setor participante "passa a incumbência" para o colaborador seguinte. Pode funcionar bem em projetos nos quais a pressão dos prazos não é decisiva e o sucesso parece incerto nas etapas iniciais.

PERGUNTE-SE... MINHA EMPRESA SABE GERIR A IMPLEMENTAÇÃO?

- Todos conhecem os processos para gestão do desenvolvimento de novos produtos – da ideia inicial ao lançamento?
- Os projetos de inovação são concluídos no prazo e dentro do orçamento?
- Temos mecanismos eficazes para gerenciar a mudança do processo, desde a ideia até a implementação?
- Sabemos como garantir a participação inicial de todos os departamentos no desenvolvimento de produtos e processos novos?
- Existe flexibilidade em nosso sistema de desenvolvimento para acomodar projetos "expressos" de inovação?
- As equipes envolvem profissionais dos setores relevantes?

Gestão da implementação

Um processo sequencial, porém, corre o risco de deixar de fora a contribuição de outros setores e não levar em conta as incertezas que podem surgir conforme o projeto avança. Também envolve risco de lentidão, já que o processo não pode passar para a fase seguinte sem concluir a anterior. Na prática, muitas atividades podem ocorrer em paralelo e com a interação de diferentes grupos funcionais, que trabalham simultaneamente na inovação.

IMPLEMENTAÇÃO DE SUCESSO

ASPECTOS	CONTRIBUIÇÃO
Processo sistemático de progressão para novos produtos	• Oferece controle e avaliação de acordo com a etapa específica.
Envolvimento inicial de todas as funções relevantes	• Traz perspectivas fundamentais para o processo já no início, o que pode influenciar a concepção e antecipar problemas. • Aumenta a eficiência ao detectar obstáculos.
Atividade paralela	• Permite um desenvolvimento mais rápido, mantendo o envolvimento multifuncional.
Estruturas de gestão de projeto específicas	• Permite a escolha da estrutura (convencional, matriz, força-tarefa ou com equipe à parte) de acordo com as condições e a necessidade.
Equipe multifuncional	• Oferece perspectivas diferentes. • Propicia o trabalho em grupo e desenvolve a habilidade de solução de problemas.
Ferramentas de apoio	• Recursos como design por computadores, prototipagem rápida e suporte ao trabalho cooperativo oferecem qualidade e velocidade ao processo.
Aprendizado e aperfeiçoamento constantes	• Incentiva o acúmulo de conhecimento. • Cria uma cultura de melhorias constantes.

Difusão da novidade

Uma ideia excelente e muito bem executada será inútil para sua empresa se não for adotada. Os consumidores precisam comprar o produto, por exemplo, e um novo procedimento deve ser incoporado pelos colaboradores para que tenha efeito. Para gerenciar o processo de inovação até o fim, não se esqueça das medidas que levarão as pessoas a adotar a novidade.

DICA

IDENTIFIQUE OS "NOVIDADEIROS"

Mantenha-se atento às pessoas que gostam de produtos novos e inclua-as nos testes.

Como funciona?

Nenhuma inovação é adotada de uma vez. O processo costuma ser gradual: inicialmente, apenas algumas pessoas experimentam, aos poucos mais usuários aderem e alguns só apostam na novidade depois de um tempo. Um gráfico que mostra o ritmo de adesão no tempo em geral apresenta uma curva em forma de "S".

Uma abordagem importante é investir assim que possível nos usuários que gostam de lançamentos. Você pode envolvê-los em testes e ensaios, descobrindo o que esperam – às vezes, optar por contribuições na fase final da inovação pode alterar a curva de adoção. Recursos como protótipos são muito úteis, pois proporcionam aos potenciais adotantes a oportunidade de ver, tocar e colocar em prática uma ideia ainda não finalizada. Por meio das reações, você encontra espaço para melhorar.

Envolvimento geral

O teste de um produto ou serviço novo ajuda a avaliar as preferências dos usuários, que fornecem informações valiosas sobre itens como política de preços ou formas de publicidade, e confirma se as pessoas realmente querem a novidade. Os testes permitem também aferir diferentes estratégias de lançamento, avaliando por exemplo a receptividade em regiões distintas.

O mesmo princípio vale para as inovações de processo dentro da organização – quando se quer mudar a forma de execução existente. Obter as impressões das pessoas que irão utilizar o novo processo ajuda a melhorar o design final do processo e a fazer melhorias adicionais.

DICA

APROVEITE O CONHECIMENTO
Ao implementar um novo procedimento, convide as partes envolvidas no teste para orientar os novos usuários.

Maiores chances

Três fatores determinam a velocidade de difusão de uma inovação: a natureza (inovações radicais exigem mais tempo do que as menores), as características do usuário (alguns grupos são mais receptivos a novidades) e a personalidade do inovador. Se a mudança for radical, faz sentido alocar mais tempo e recursos para promovê-la caso os usuários-alvo tenham um perfil mais conservador.

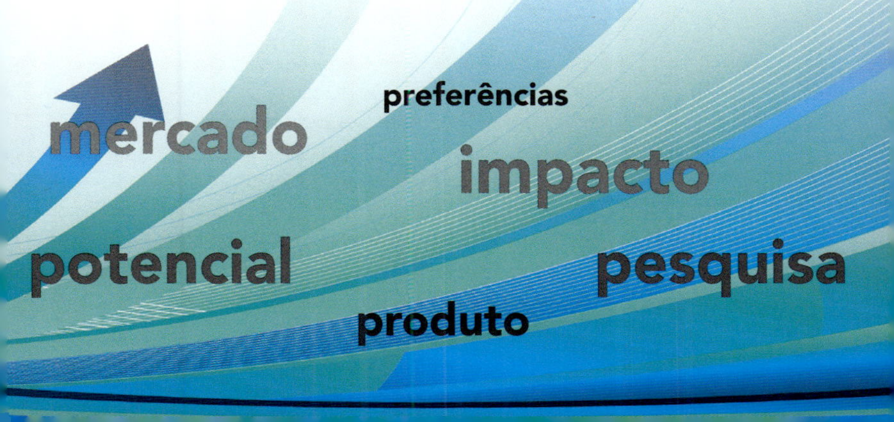

COMO... DIFUNDIR UMA IDEIA NOVA

1. Divulgue os benefícios da novidade.
2. Promova testes, demonstrações ou provas.
3. Identifique os usuários de primeira hora.
4. Use o retorno dos testes para adaptar a ideia.

Fatores de sucesso

Algumas características afetam as chances de difusão de uma inovação. A primeira é a vantagem relativa, ou seja, o quanto a novidade parece melhor. As pessoas se interessam pela novidade se os benefícios forem evidentes. Um fator que prejudica é a complexidade: quanto mais difícil a novidade parecer (procedimento mais complexo ou aspecto técnico mais acentuado), menores as chances de adesão. Outros itens cruciais são a visibilidade – pode ser interessante oferecer demonstrações dos benefícios da sua nova ideia – e a possibilidade de testes, pois o uso experimental pode ajudar os potenciais usuários a compreender melhor o produto ou processo novo. Finalmente, o produto deve ser compatível com o mercado, ou seja, adequado ao grupo que você deseja que adote a novidade. Tente reduzir as incompatibilidades criando variantes para diferentes grupos de usuários.

Quem adota a novidade?

Adotar uma inovação é uma negociação complicada entre quem propõe a novidade e o público ao qual ela se destina. Algumas pessoas se entusiasmam rapidamente e não tardam a experimentar novos produtos, enquanto outras naturalmente resistem mais a mudanças. Para acelerar a difusão de sua inovação, procure saber como é o seu usuário-alvo e o que o motiva. Seus grandes aliados serão os "novidadeiros", usuários sempre dispostos a experimentar novos produtos e processos. É possível encontrar essas pessoas durante as etapas de teste, protótipos e versões beta, e em geral são boas fontes de ideias para aperfeiçoar a proposta. Outro grupo importante é o dos formadores de opinião: em geral abertos a ideias novas, exercem um efeito multiplicador ao influenciar a opinião de outros consumidores.

Quem chega depois

Uma parcela grande de usuários adota uma inovação quando há sinais de que a novidade pegou, sob a influência dos depoimentos de quem já aderiu, uma vez que as experiências positivas dos usuários de primeira hora incentivam a adesão dos outros. Já os "usuários tardios" são os consumidores mais conservadores, que só se mostram dispostos a mudar quando constatam que grande parte da população usa a inovação. A melhor forma de alcançar esse grupo é por meio da promoção de experiências positivas relatadas pelos adeptos de primeira hora. Finalmente, existe o grupo de pessoas extremamente resistentes à mudança, que em geral exigem um grande esforço para serem convencidas. Você pode não investir nessa parcela se sua inovação não precisar de 100% de aprovação.

CHEGADA AO MERCADO

PISTA CERTA	CONTRAMÃO
Comunicar-se de forma que os potenciais usuários entendam	Usar jargão e termos específicos
Colocar-se no lugar dos usuários e tentar ver a inovação como eles a percebem	Supor que todos têm a mesma perspectiva que você
Ouvir as contribuições dos possíveis usuários e, se possível, incluir seus desejos e necessidades no projeto	Apresentar o produto como uma "solução definitiva" e ignorar os comentários dos usuários
Criar um relacionamento com os usuários e envolvê-los como parceiros no desenvolvimento	Tratar os consumidores como usuários passivos, que farão o que você orientar

Capítulo 4

Uma empresa que sabe inovar

A inovação combina criatividade e engenhosidade, pois envolve a solução de problemas. Desenvolver e implementar novas ideias só funciona quando existe uma organização inovadora – ou seja, um ambiente orientado para a mudança.

Ambiente favorável

O sistema de inovação fornece a estrutura para desenvolver uma ideia, e a estratégia serve para orientar o caminho, mas são as pessoas que fazem o progresso. Não basta jogar os usuários no desafio da inovação: é preciso fornecer um contexto para usar a criatividade e partilhar as descobertas.

Longe do caos

Uma empresa com perfil adequado para a inovação não está limitada por uma burocracia asfixiante, estruturas inúteis, barreiras de comunicação e outros fatores que impedem a disseminação das ideias. Mas tome cuidado para não cair na armadilha do caos, pois nem todas as inovações funcionam em um ambiente solto, informal e "orgânico" (os chamados *skunk works**). Esse tipo de organização muitas vezes pode obstruir a inovação bem-sucedida. Inovadores de sucesso sabem disso e usam uma combinação de estruturas, ferramentas e técnicas variadas.

*****Skunk works*** *– grupo dentro de uma organização que tem por missão trabalhar em projetos avançados e desenvolver protótipos com restrições mínimas.*

Equilíbrio delicado

Uma série de considerações pode ajudar você chegar a esse equilíbrio. Em primeiro lugar, ao mesmo tempo em que uma estrutura adequada é essencial para o progresso de uma ideia, as hierarquias rígidas podem sufocá-las, como ocorre quando alguns colaboradores não conseguem transmitir suas sugestões sobre a gestão. A cooperação para além das fronteiras das equipes é essencial, assim como a combinação das diversas habilidades necessárias para implementar uma nova ideia – e isso não pode ser alcançado se cada departamento atuar por conta própria. A comunicação dentro da empresa também é importante, assim como a interação entre os vários níveis hierárquicos, para garantir o compartilhamento de ideias e a inclusão de todos. Atente para a estrutura das equipes: para um resultado efetivo, todos os integrantes são estimulados a contribuir. Certifique-se de que todos os grupos sabem que a contribuição é bem-vinda e jamais trate a inovação como uma missão restrita a especialistas.

DICA

TREINE SEUS COLABORADORES

Verifique se o seu pessoal recebe o treinamento necessário para avançar nos processos de inovação em que estão envolvidos.

PERGUNTE-SE... MINHA EMPRESA FAVORECE A CULTURA DA INOVAÇÃO?

- A estrutura organizacional estimula a inovação ou a sufoca?
- As pessoas trabalham bem em conjunto além das fronteiras setoriais?
- Existe um compromisso com a formação e o desenvolvimento de pessoas?
- Os colaboradores são estimulados a sugerir ideias para melhorar produtos ou processos?
- A estrutura permite a tomada rápida de decisões?
- Existe uma comunicação eficaz? Há um canal "de cima para baixo", "de baixo para cima" e por toda a organização?
- Sabe recompensar e reconhecer o sistema de apoio à inovação?
- Predomina um clima favorável para as novas ideias ou as pessoas precisam sair da empresa para fazer acontecer?
- Os funcionários sabem trabalhar em equipe?

Cultura de inovação

Todas as empresas têm padrões de atuação próprios, sustentados por valores e crenças – a chamada cultura organizacional. Se você quiser desenvolver uma organização inovadora, o maior desafio está em criar uma cultura que favoreça as mudanças.

DICA

PREMIE O PENSAMENTO CRIATIVO

Desenvolva um sistema de recompensas para quem contribuir com uma inovação bem-sucedida. A iniciativa estimula os colaboradores a se envolverem no processo.

Estímulo aos colaboradores

Para propiciar o desenvolvimento de novas ideias, seus colaboradores devem ter a atitude certa. Uma organização na qual se instala uma cultura da culpa, com a punição dos "culpados" e a responsabilização dos criadores quando um projeto não prospera, desestimula o pensamento inovador. Por outro lado, uma cultura mais aberta, em que os erros são tratados como oportunidades para aprender e desenvolver novas estratégias, tende bem mais a propiciar a inovação. Desestimule pensamentos como "nada pode ser melhorado" ou "se não deu errado, não devemos mexer" e reforce a busca constante da melhoria dos processos.

ESTUDO DE CASO

Criação coletiva

O carro-conceito Fiat Mio (também denominado Fiat Concept Car III) foi alçado à condição de case internacional de inovação devido à originalidade de seu processo de criação: radicalizando a ideia de *open source*, a Fiat brasileira convidou internautas do mundo todo a participar do desenvolvimento do modelo, por meio do envio pela internet de sugestões sobre como gostariam que fosse o carro do futuro. A iniciativa resultou em 15 mil colaboradores cadastrados de mais de cem países, 10 mil ideias enviadas e 3 mil projetos esboçados pelos designers da Fiat, até chegar ao protótipo exibido no Salão do Automóvel de São Paulo em 2010. O diferencial do projeto é seu ponto de partida: em vez da pesquisa tecnológica, a imaginação dos consumidores guiou todo o processo de desenvolvimento do conceito.

Abrindo caminhos

Os gestores devem também adotar atitude positiva no que se refere às ideias criativas em vez de esperar que os colaboradores se limitem a cumprir orientações. Ao partilhar sua visão de futuro da empresa, e a ideia de como a inovação contribui para essa visão, o chefe incentiva a participação da equipe. Para que as ideias surjam em qualquer nível, os gestores devem investir na comunicação clara com todos.

CLIMA PROPÍCIO À INOVAÇÃO

FATORES	INFLUÊNCIA NA FORMA DE AGIR
Motivação	• As pessoas querem fazer algo diferente e apreciam o reconhecimento de suas capacidades. • Os profissionais sentem-se estimulados a contribuir se recebem apoio dos colegas e superiores.
Disponibilidade de recursos	• A oferta de recursos permite a experimentação. • As pessoas precisam de tempo e espaço para criar.
Liderança	• Um modelo de liderança reforça os valores e apoia a postura inovadora mais do que as palavras. • Líderes eficientes disponibilizam recursos e garantem a motivação. • As pessoas valorizam o apoio estratégico vindo dos líderes.
Orientação	• A inovação precisa ter um propósito e não ocorrer apenas por ser uma inovação. • As pessoas irão usar o estímulo para criar melhorias se sentirem uma motivação no ambiente próximo.
Desenvolvimento	• É importante ajudar as pessoas a aprenderem a aprender, aperfeiçoando o que já sabem.
Ferramentas e recursos	• Em um projeto de inovação, as pessoas precisam aprender a pensar voltando-se para a solução de problemas.
Aprendizado	• O aprendizado ajuda a refletir sobre a experiência de inovar. • Constrói e amplia um "guia de ação". • Estimula as pessoas a ousar. • As lições podem ser disseminadas pela empresa.

Impulso à criatividade

A criatividade não é útil só para ter as ideias que geram a inovação, mas também para solucionar problemas ao longo do caminho. Dimensionar o projeto, corrigir erros e rever protótipos exige um pensameno aberto. Saiba como funciona o processo criativo para estimulá-lo na sua empresa.

DICA

REFORÇE AS HABILIDADES
A solução criativa dos problemas é uma habilidade como qualquer outra. Ofereça treinamento aos funcionários e estimule-os a transpor os obstáculos.

Pensamento original

A solução criativa dos problemas é um processo estudado há vários anos. Compõe-se de quatro fases:
- **Reconhecimento:** é a constatação do problema.
- **Exploração:** avaliação das soluções possíveis, que podem ser respostas óbvias ou soluções complexas, que se desenvolvem ao longo do tempo.
- **Insight:** momento em que a resposta surge e você sente que vai resolver o problema.
- **Validação:** análise mais aprofundada de como implementar a solução e checar se funciona.

No universo das empresas, após a validação é preciso entrar em um processo de revisão e avaliação, a fim de garantir que o problema está resolvido.

"Fora da caixa"

Existem várias estratégias que podem ajudar a aumentar a criatividade dentro de uma empresa. Em um ambiente de diversidade, pode-se contar com perspectivas mais variadas. Garanta espaços para que as pessoas desenvolvam suas ideias – locais que permitam a concentração e as discussões em grupo, nos quais os funcionários se encontrem com o objetivo de estudar um problema. Certifique-se de que você proporciona à equipe a sensação de liberdade essencial para experimentar ideias diferentes, mesmo que nem sempre bem-sucedidas.

Ferramentas criativas

Existem várias ferramentas disponíveis para ajudá-lo a enfrentar as fases do ciclo de resolução de problemas. Elas podem ser usadas individualmente, mas servem como recursos para reuniões voltadas para a criação.

IDENTIFICAÇÃO
Em um diagrama do tipo "causa e efeito", tente representar as causas de um problema e os fatores que o originam

REDEFINIÇÃO
Defina os objetivos, destacando o aspecto do problema que deve ser solucionado. Avalie o problema de forma diferente

EXPLORAÇÃO
Faça um *brainstorming* para coletar ideias da equipe e estimular propostas radicais. Associe as ideias de forma aleatória

SELEÇÃO
Promova uma votação simples para escolher uma ideia. Em um gráfico, represente as vantagens de investir nessa proposta

IMPLEMENTAÇÃO E AVALIAÇÃO
Depois de colocar a ideia selecionada em desenvolvimento, avalie o sucesso e confira se os objetivos continuam valendo

Gestão da mudança

Implementar a inovação significa alterar as coisas e muitas pessoas são resistentes à mudança, sobretudo no ambiente de trabalho. É importante entender os motivos da resistência e gerir o processo de forma a reduzir a insegurança.

Por que alguns resistem?

Nem todo mundo é contra a mudança – algumas pessoas as recebem como algo positivo, enquanto outras podem resistir de imediato a qualquer alteração. Isto ocorre por vários fatores, como a crença de que a mudança não é necessária, o medo de atribuições para as quais não se sentem preparadas, da perda de empregos ou da sobrecarga de trabalho, além do que já precisa ser feito.

SAIBA COMUNICAR
A comunicação deve ser segura, ativa, anterior ao início da mudança e, acima de tudo, aberta para ouvir o outro lado.

Busca de apoio

Gerir um processo de mudança exige a compreensão de que a incerteza é natural em contextos de transformação e é preciso aprender a lidar com ela. Existem dois tipos de resistência à mudança: aquela que permite uma abordagem direta (a oferta de treinamento para aprimorar as habilidades, por exemplo) e a resistência emocional e talvez irracional. Se alguém achar que a alteração irá mudar seu trabalho para pior, tenderá a se opor, mesmo que o temor não faça sentido. Para ajudar, tente criar um clima favorável à manifestação das preocupações.

DÊ APOIO
Crie um ambiente no qual as pessoas manifestem suas preocupações e as ideias possam ser aproveitadas.

Mudança eficiente

DEFINA A ESTRATÉGIA

Desenvolva uma visão e divida-a com o resto da organização, para que as pessoas se sintam envolvidas.

CRIE METAS CLARAS

Estabeleça metas claras, para reduzir as incertezas quanto às mudanças.

ESTIMULE A PARTICIPAÇÃO

Permita a participação das pessoas desde o início do processo e garanta o compromisso com os resultados.

INVISTA EM TREINAMENTO

A formação é crucial para o aumento das habilidades, a melhoria constante e a criação de uma cultura de mudança.

Adesão da equipe

A criatividade é um "item de série" em todos os que trabalham em sua empresa. Há um ditado que diz que cada par de mãos está associado a um cérebro. O desafio está em envolver a criatividade – ou a forma de explorar esse recurso – a fim de fazer a inovação acontecer.

A longo prazo

***Melhoria contínua** – *fluxo constante de inovação incremental. Um dos motores mais potentes para a mudança nas organizações é a mobilização dos esforços dos funcionários.*

A empresa pode envolver todos os colaboradores no processo de inovação (alto envolvimento) ou apenas alguns (baixo envolvimento). O grau de envolvimento depende em parte se as inovações previstas são radicais (alto impacto) ou incrementais (baixo impacto). De qualquer maneira, os funcionários devem se sentir motivados, capacitados e habilitados a participar para que possam contribuir com o projeto.

Depois de iniciar o processo de inovação, o desafio está em preservá-lo. Muitas organizações começam os projetos tomadas de entusiasmo, mas aos poucos o ímpeto desaparece até que não haja nenhuma atividade de melhoria contínua*. Isto não surpreende: para alterar o modo como as pessoas pensam a longo prazo, é preciso contar com um programa estratégico.

PARA PENSAR... COMPROMISSO COM A INOVAÇÃO

O envolvimento com a inovação não é novidade. Em 1871, o Denny´s Shipyard, em Dumbarton, na Escócia, ofereceu prêmios para os autores de "qualquer mudança que gerasse um trabalho melhor ou redução de custo". A medida faz uma diferença para quem a adota de forma sistemática – a Toyota, por exemplo, recebe cerca de 2 milhões de sugestões por ano, todas vindas dos colaboradores (na Kawasaki Engeneering, o total chega a 7 milhões) e de fato implementa a maioria delas.

Processo em etapas

O compromisso com a inovação ocorre em cinco etapas. Use o modelo a seguir para identificar o estágio em que sua empresa se encontra e verificar o que é preciso fazer para ampliar o envolvimento.

1 **Neste nível** a inovação é aleatória e ocasional. As pessoas ajudam a resolver problemas, mas sem a intenção de levar adiante projetos sistemáticos. É provável que as inovações sejam limitadas.

2 **No nível dois** existe um esforço da empresa para estimular o envolvimento. Trata-se de um processo formal para solucionar problemas de forma estruturada, com oferta de treinamento.

3 **No terceiro estágio** os esforços para gerar envolvimento apoiam-se nos objetivos estratégicos da empresa, o que permite conciliar as atividades das equipes com as iniciativas individuais. A visão estratégia e o monitoramento são essenciais.

4 **Neste patamar** o envolvimento se traduz em ganhos. Os indivíduos e os grupos devem ter competência para inovar por iniciativa própria, o que requer a clara compreensão e o comprometimento com os objetivos estratégicos da empresa.

5 **No último nível** todos estão envolvidos com os experimentos acerca das novas ideias, da melhora dos processos e do compartilhamento dos conhecimentos com toda a organização.

A voz dos clientes

Todo mundo é criativo – e isso inclui os usuários finais da sua inovação. Essas pessoas não são meros consumidores passivos de novos produtos ou serviços, mas clientes com muitas ideias sobre os aspectos que podem ser melhorados ou alterados nos novos projetos da sua empresa.

DICA

OUÇA AS CRÍTICAS

Preste atenção nas reações negativas de usuários que participam dos testes. Se eles rejeitam a ideia, pode não valer a pena prosseguir.

Envolvimento externo

Um aspecto importante na gestão da inovação é aprender a trabalhar com os usuários no papel de "cocriadores". Vale a pena fazer isso porque, em primeiro lugar, as contribuições podem ajudar a construir uma inovação maior. Além disso, se essas pessoas forem envolvidas irão comprar a ideia. Esse universo não se limita aos clientes, pois o mesmo se aplica ao processo de inovação. Mudar a forma de execução de um trabalho pode incluir sugestões de quem atua nele e sabe o que pode melhorar. Há duas maneiras de incentivar essas ideias – por meio de usuários específicos que tendem a contribuir e através do incentivo à participação de todos.

Melhores usuários

Os grupos de pesquisa recorrem aos usuários e seus interesses em busca de contribuição para a construção da inovação e também como "caixa de ressonância". A prototipagem e os testes de mercado permitem observar as reações dos usuários e recolher opiniões. Alguns métodos ajudam a identificar os usuários de primeira hora, que podem contribuir para lapidar a sua ideia ainda em desenvolvimento. Finalmente, existem as comunidades de formação voluntária, com grupos de usuários que utilizam soluções inovadoras em uma base contínua, como a comunidade do Linux.

O mundo da internet

A internet tornou possível contatar um grande número de usuários sem fazer esforço, recolhendo as muitas contribuições e ampliando seu potencial de atuação. Algumas empresas recorrem direto à opinião dos usuários para obter ideias e atuar como "cocriadores" de produtos novos. Em geral isso funciona por meio de sites, nos quais os visitantes explicitam o que esperam do produto – no caso da Adidas, é possível criar seus próprios sapatos, enquanto no site da Lego os usuários projetam os brinquedos que gostariam de encontrar nas prateleiras das lojas. Cada vez mais, empresas como a BMW, Kellogg's e Unilever estão criando agências de inovação virtual, abrindo as portas para as ideias dos usuários e utilizando a internet para capturar e analisar essas contribuições. Mesmo propostas simples, como competições e desafios, podem ser uma maneira de captar opiniões de usuários dispostos a contribuir.

Redes essenciais

Nenhuma pessoa existe de forma isolada – e o mesmo vale para as empresas. A inovação é por natureza uma empreitada que envolve muitos participantes e, na era na inovação aberta, cada vez mais empresas formam redes para facilitar a gestão dos processos.

DICA

COMBINE IDEIAS
Quando você e sua equipe têm contato com ideias e conceitos vindos de outras áreas do setor (ou de outros setores), fica mais fácil gerar um conceito novo.

Aproveitamento dos recursos

Os benefícios das redes de inovação podem ser substanciais. Em empresas pequenas, por exemplo, o fator de limitação muitas vezes está na falta de uma "visão panorâmica", que as empresas maiores conseguem obter com mais facilidade. Participar de uma rede significa ter chance de contato com ideias e conhecimentos diferentes. Até as grandes organizações percebem a importância do recurso e o adotam como tática de inovação. As redes permitem a partilha de recursos e a redução dos riscos de desenvolvimento de produtos e processos novos. Oferecem diversidade de perspectivas e acesso a conhecimentos e experiências gerados fora de sua organização.

? PERGUNTE-SE... MINHA EMPRESA SABE ATUAR EM REDE?

- A empresa trabalha em parceria com fontes variadas de conhecimento, como universidades e centros de pesquisa?
- Adota a "inovação aberta", usando redes de contato para ampliar o fluxo de ideias e propostas?
- O sistema de gestão permite experiências estratégicas?
- Mantém contato com as comunidades de pesquisa e de tecnologia do setor?
- Vê nos usuários uma fonte de contribuições e tenta envolvê-los na criação de propostas novas?

TIPOS DE REDE DE INOVAÇÃO

TIPO DE REDE	EXEMPLOS
Empreendedora	Reunião de diferentes recursos complementares a fim de levar uma ideia promissora adiante. Essa estratégia depende em grande parte da energia e do entusiasmo do empreendedor, que precisa "contagiar" as pessoas para montar e preservar a rede.
Comunidades de práticas	São as redes que envolvem pessoas de uma empresa ou de várias. O fator de união é a preocupação com um aspecto particular ou uma área do conhecimento.
Geográfica	Costuma se formar quando os principais participantes de um setor específico situam-se em uma mesma área geográfica – o Vale do Silício é um bom exemplo. O fluxo de conhecimento entre os integrantes da rede é ajudado pela proximidade geográfica e pela possibilidade de se reunir para discutir as questões.
Setorial	Reúne participantes que atuam em um setor específico ou adota o mesmo modelo de negócio. Muitas vezes tem o propósito de partilhar a inovação para preservar a competitividade.
Desenvolvimento de produtos ou processos	Redes que partilham conhecimentos e perspectivas para criar e comercializar um novo produto ou processo de criação em mais de uma organização.
Ampliação de conhecimento	Trabalham em conjunto dentro de um setor ou região para melhorar a competitividade por meio da inovação de produtos, processos ou serviços.
Desenvolvimento de novas tecnologias	Partilha o aprendizado de novas tecnologias a fim de explorar plenamente seu potencial – por exemplo, os primeiros programas de pesquisa com semicondutores nos Estados Unidos e no Japão, que utilizaram recursos e informações de universidades de todo o planeta.
Novos padrões	Estudam e estabelecem normas envolvendo as tecnologias inovadoras – um exemplo é o Motion Picture Experts Group (MPEG), que usa padrões de compressão de áudio e vídeo para som e vídeo digitais.
Rede de fornecimento	Desenvolvimento e partilha de práticas inovadoras e até desenvolvimento conjunto de produtos em toda a cadeia de valor, da produção à distribuição.

Vantagens da partilha

***Aprendizagem partilhada**
– *processo de combinar conhecimento e experiência entre as equipes ou organizações.*

Os benefícios das redes de inovação não ocorrem sem esforço. Entre os desafios, estão a gestão de um processo que não é conhecido, a avaliação com base nos interesses gerais, e não particulares, a partilha dos riscos sem criar um sistema burocrático e a divisão dos benefícios entre os participantes que realmente contribuíram. As principais questões para a criação de uma rede são o aproveitamento do momento propício e a clara definição do seu propósito. A necessidade de montar uma rede pode surgir de uma crise ou da percepção de uma oportunidade.

A formação de rede também incentiva a inovação ao oferecer apoio para a aprendizagem partilhada*, oportunidade para o questionamento do *status quo* e da discussão crítica sob perspectivas diferentes. Fornece ainda um panorama mais amplo, evita as ideias isoladas e propicia o surgimento de novos conceitos. A experimentação compartilhada reduz o custo percebido e real de tentar produzir algo novo.

Gestão da rede

Quando a rede estiver montada, será preciso acordar alguns processos operacionais essenciais, como:

- **Extensão:** como definir e manter a composição.
- **Decisões:** onde, quando e quem decide.
- **Solução de conflitos:** como resolver problemas.
- **Processamento da informação:** como gerenciar os fluxos de informação entre os integrantes.
- **Gestão do conhecimento:** como gerar, partilhar e usar o conhecimento em toda a rede.
- **Motivação:** como estimular as pessoas a continuar na rede.
- **Divisão de riscos e de benefícios:** como partilhar os riscos e as recompensas entre os integrantes.
- **Coordenação:** como as operações da rede estão integradas e coordenadas.

As redes podem ser de curto prazo e para uma finalidade específica ou existir enquanto seus integrantes acharem que vale a pena – o que pode exigir uma revisão periódica dos objetivos.

DICA

DEFINA AS CONDIÇÕES

Ao montar uma rede de inovação, defina com antecedência a participação nos lucros e perdas, além do mecanismo para solucionar conflitos.

Habilidades afiadas

A capacidade de fazer a inovação acontecer se amplia ao longo do tempo e por meio de tentativa e erro. Para garantir que sua empresa está aprendendo a inovar de forma consistente, avalie como funciona a gestão dos processos.

Como "medir" a eficiência

Algumas medidas que podem ajudar a aferir a eficiência de um processo de inovação são:

- Número de ideias geradas no início.
- Índice de falhas no processo de desenvolvimento e no mercado.
- Número ou porcentagem de "estouro" de orçamento e nos cronogramas.
- Tempo médio para chegar ao mercado em comparação com os índices do setor.
- Duração total do processo de inovação.
- Tempo médio para introduzir um processo de inovação.

Instrumentos de medição

Depois de avaliar a eficiência do processo, pergunte-se se ele beneficia a empresa como um todo. Os fatores imediatos são os recursos alocados ao projeto, como tempo, dinheiro, investimento, formação, orientação estratégica e orientação geral. Confronte esses itens com os resultados, avaliando o número de novos produtos introduzidos, os lucros gerados, as melhorias nos processos (calculadas por meio da satisfação do cliente ou de estudos de eficiência, por exemplo). Compare com os concorrentes e com o desempenho geral da empresa e avalie os resultados.

DICA

PENSE A LONGO PRAZO

Revise e controle até os projetos pequenos. Ainda que não receba benefícios imediatos, estará preparando a empresa para inovar com consistência a longo prazo.

? PERGUNTE-SE... A EMPRESA SE ESFORÇA PARA INOVAR?

- A empresa conta com um processo claro para fazer a inovação acontecer e com mecanismos eficazes para apoiá-la?
- Existe uma consciência estratégica compartilhada, que funcione como guia para todas as atividades inovadoras em desenvolvimento na empresa?
- O ambiente geral da empresa oferece estruturas e incentivos para que as pessoas sejam criativas e compartilhem as ideias, contribuindo para expandi-las?
- Sabe construir e ampliar as redes para participar de um sistema de inovação aberta?
- Tenta aprender e desenvolver as habilidades dos colaboradores a fim de preencher os requisitos acima?

Como você se saiu?

Além de conferir as metas organizacionais, pode ser útil para o gestor avaliar o próprio desempenho à frente de um projeto de inovação. Dedique algum tempo para rever o caminho traçado e identificar pontos em que houve acertos e onde houve falhas. Aprenda com os possíveis erros e organize as lições de sucesso, produzindo um documento para orientar outras pessoas da empresa. Adquira o hábito de comparar seus produtos e processos com os de outras empresas e compartilhe experiências com colegas em desafios similares aos seus. Procure olhar para além do seu ambiente de trabalho, a fim de ampliar sua base para novas ideias, e estimule a criatividade das pessoas que trabalham com você. Determine critérios mensuráveis para aferir o sucesso e descobrir o que poderá ser melhorado na próxima vez e de que maneira.

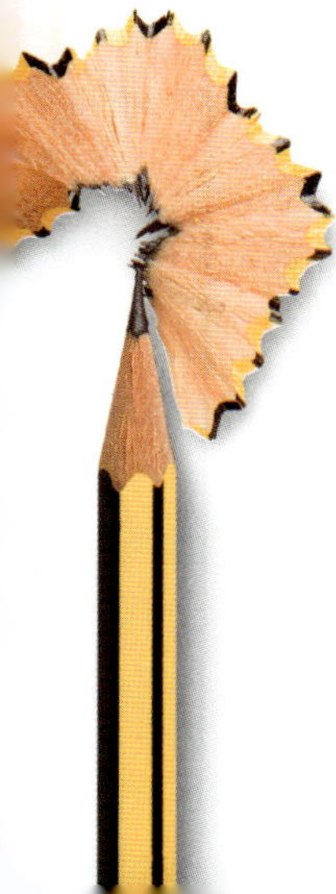

Índice

A

Adidas 63
adoção de novas ideias 36-7, 48-9
análise
    de mercado 33
    estratégica 26-7, 42
Apple 25, 62
aprendizado 15, 55

B

barreiras de comunicação 52
benchmarking 41
beta, versão 50
Bic 10
BMW 63
brainstorming 57
burocracia 52

C

caos 52
cenários 21
ciclo de solução de problemas 57
clientes 19, 62, 68
comércio eletrônico 20
comparação de projetos 30
complexidade 50
comunicação 53, 58
comunidades 49, 50-1, 62-3, 65
conceitos 19
conflitos, solução 67
conhecimento 11, 41
cooperação 41
criatividade 6, 15-7, 23, 52, 55-7,
crise financeira 20
cultura corporativa 54
custo-benefício, avaliação 28

D

decisão 21, 67
Delphi, painéis 40
desempenho, avaliação 12
desenvolvimento
    de ideias 44-7
    de produto 65
Detroit 39

E

empreendedores 15, 32, 52, 65
energia sustentável 20
envolvimento 60-1
equipes 15, 45-7, 53
erros, lições dos 37
estímulo aos colaboradores 54
estratégia 29, 42, 59

F G H

feedback 48, 50-1
funil de inovação 18
gestão de projeto 37, 43-4, 47
habilidades, aperfeiçoamento 68-9
Henry Ford 21, 24

I

ideias 7, 14, 16-9, 32-41, 43-9, 52-3, 56-7, 64-5
implementação 43
    ideias 37
incertezas 28, 47, 58
incremental, inovação 10-2, 16, 24-5, 45, 60
inovação
    aberta 13, 64, 69
    ameaças 21
    base 6-7
    cultura 54-5
    definição 6-7
    desafios 20-1
    difusão 48
    estratégia 22-3
    frustração 39
    gestão 7, 17, 21, 36-7, 41,
    implementação 43, 46-7, 58-9
    portfólio 11
    processo 7, 18
    regras 42
    riscos 14, 30-3, 42, 44, 64, 66
    rumos 12-3, 24-5, 55
    tipos 11, 25
inovação de mercado 11-3, 24-5
inovação de produto 9, 10, 12, 14, 19, 24-5
inovação de serviço 11, 19, 24-5
inovadores 49-50
internet 11, 21, 38-9, 63
iPod e iTunes 25

K L

Kawasaki Engineering 60
Kellogg's 63
lançamento 19, 34-5, 49
LEDs 11, 25
Lego 63
liderança 15, 55
Linux 39, 62

M

marketing 16, 46
McDonald's 24
melhoria contínua 47, 60
mercado-alvo 19
mercados emergentes 20
modelo de inovação 12-3
motivação 55
MP3 12
mudança, gestão 43, 58-9

mudanças climáticas 20
Murphy, lei de 44
música 21

N O

Nintendo 24
objetivos 57
 da empresa 69
on-line, banco 25
orçamento 17, 44

P

pesquisa 14, 16-7, 38-9
pick-up, veículo 39
planejamento 14-5, 24
 econômico 40
portfólio 30
posicionamento de mercado 13, 23
Post-it 14, 37
potencial de mercado 38
preço, concorrência 13
processamento da informação 67
processo de inovação 8, 10, 12, 14, 19, 23-4, 39, 49, 62
produção em escala 35
projetos expressos 44, 46
propriedade intelectual 9
protótipos 19, 32, 35, 37, 47, 50, 52, 56, 62
provas 48, 50
publicidade 49

R

radical, inovação 11-2, 16, 24-5, 45, 49, 60
redes 41, 64-7
 desafios 66
 gestão 67
resíduos 20
resistência à mudança 58-9
risco, gestão 43
riscos, inovação 30
Rolls Royce 13, 25

S

seleção
 de ideias 36-7
 estratégica 42-3
serviços públicos 23
Silício, Vale do 65
sugestões 16

T

tecnologia 17, 28, 34, 37-9, 44, 64-5
telecomunicações 20
tendências 40
testes 9
Toyota 60
treinamento 58-9

U V W

Unilever 63
usuários
 finais 51, 62
 ideias 63
 necessidades 38
Viagra 37
Wii 24

Agradecimentos

Agradecimentos da Dorling Kindersley
A editora agradece a Margaret Parrish, que atuou na versão americana do livro.

Imagem da capa
Getty Images: Oliver Cleve

Créditos das fotos
A editora agradece às seguintes pessoas pela permissão de uso das imagens:

Corbis: Creasource 59; Michael A. Keller 57; Getty Images: artpartner-images 8-9; RK Studio / Kevin Lanthier 14-5; Ludsam 68; Primary Picture 12; Pete Turner 61; iStockphoto.com: Karl Dolenc 1; Sarah Fields 45; Lise Gagne 66-7; Sergey Galushko 30; Hugo Lacasse 48-9; Pgiam 63; Soubrette 20; Dieter Spears 40; Anatoli Styf 4; Alexandr Tovstenko 25; webphotographeer 35.

Foram feitos todos os esforços para identificar e dar créditos aos titulares dos direitos autorais. O editor pede desculpas por qualquer omissão e se dispõe a incluir a informação correta nas futuras edições.